国家社会科学基金："民族地区主体功能区国土空间管制下土地发展权受限与空间转移研究"（编号：13CGL109）

国家自然科学基金："主体功能区规划框架下国土资源空间开发差异化策略与跨区域生态补偿机制研究：以广西为例"（71363005）

国家自然科学基金项目："农地城市流转中失地农民多维福利变化及可行性能力构建研究"（71403063）

广西高等学校人文社会科学重点研究基地："区域社会管理创新研究中心"

广西高等学校高水平创新团队及卓越学者计划："非政府组织与社会管理创新团队"

TUDI KAIFA YU BAOHU DE PINGHENG
TUDI FAZHANQUAN DINGJIA YU KONGJIAN ZHUANYI YANJIU

土地开发与保护的平衡：
土地发展权定价与空间转移研究

汪 晗 著

人民出版社

TUDI KAIFA YU BAOHU DE PINGHENG
TUDI FAZHANQUAN DINGJIA YU KONGJIAN ZHUANYI YANJIU

土地开发与保护的平衡：
土地发展权定价与空间转移研究

汪　晗　著

人 民 出 版 社

目　录

自　序

　　2003 年至 2012 年期间,我有幸在华中农业大学土地管理学院完成了我的土地资源管理专业学士到博士学位的攻读,其间师从张安录教授。在学习与研究中,常探讨的问题是,土地的开发与保护之间天然存在的矛盾是否能够通过制度设计来进行解决,于是开始了本书的选题和构思。

　　农地与建设用地需求的尖锐矛盾,是我们在城镇化进程中不得不面对的严重问题。一方面,由于人口不断的增加,政府出于粮食安全的考虑必须保持相当数量的农地;另一方面,社会经济的发展使得建设用地的需求也在不断增长。由于现阶段我国政府对于农地保护和开发的调控力度不均,导致农地流失加速,与此相对应的是建设用地外延扩张明显。其主要原因在于:“土地发展权”的缺位使得土地开发的机会成本降低,农地保护的收益减少。在农地流转市场的供需关系中表现为:农地供给曲线下移,而农地需求曲线上移,强势利益集团获取超额利润,促使流转量增加,农地流转补偿偏低,加大了社会成本。鉴于此,系统开展土地发展权相关研究,明晰土地发展权在我国土地权利体系中的地位,科学测算土地发展权价值,具体分析土地发展权的转移情况、转移后的经济收益和开发密度变化具有重要的实践和理论意义。

　　土地发展权的设置可以协调土地开发与保护的关系。我国现有的土地发展权研究多限于理论层面,尚不足以指导具体的土地发展权转移。本书以多个实证案例为基础尝试回答下列问题:第一,土地发展权的性质和归属如何? 第二,土地发展权价值构成和变化如何? 第三,如何测算不同区域的土地发展权价值？第四，土地发展权在我国转移情况如何？哪些指标影响其转移？

为了解决上述问题，全书主要从以下三个部分开展研究：

1. 土地发展权价值体系建立，土地发展权价值测算。

在系统总结国内外土地发展权研究的基础上，采用实物期权法、竞争性土地市场模型、假想市场法，如 CVM(contingent valuation method，条件估值法) 等其他替代法，建立土地发展权定价模型，测算土地发展权价值，分析空间变化规律。

2. 土地发展权需求区、供给区确定及供求数量测算。

在不完全信息静态博弈的假设下，建立土地开发量转移模型，分析土地发展权设立后对于土地开发量的影响。随后选取需求区和供给区，具体分析土地开发量在需求区与供给区之间的转移，以及影响开发量转移的因素。

3. 土地发展权项目供求空间转移机制设计。

在土地发展权项目转移数量的平衡外，同时需达到土地发展权转移价值的平衡。在不同类型土地发展权价值定价及土地发展权供求数量测算的基础上，首先对土地发展权转移的价值量进行具体量化；进而根据土地发展权项目的数量与价值转移的情况，分析相应土地发展权转移调控指标。包括：单位土地发展权面积、需求区与供给区基准规划密度的设定、供给区的转移比率与需求区的密度附加的设定，以及这些指标对于土地发展权空间转移数量与价值平衡的影响，从而设置土地发展权项目的合理调控指标。

拙作是在博士论文的基础上修改加工而成，难免有疏漏与不足，恳请各位读者批评指正！

导　　论

一、为何研究土地发展权定价与空间转移问题

　　人口持续的增长与土地资源稀缺性之间的矛盾关系到人类生存和社会的持续发展。保护农地与城市扩张是城市化进程中不可回避的矛盾。人口逐渐增长的压力使得对于建设用地和农地的需求都处于上升趋势,在相当长一段时期内对有限的土地资源而言,无疑是双重的压力。自1978年改革开放至2011年,我国城市化水平从17.92%增加至47.5%,年均增长为0.90%,比1958—1978年间的0.13%年均增长水平高出6.90倍。按照现有城市化速率,国家统计局预测:到2050年,我国将有5.51亿人口转移为城镇人口,按照每个城镇人口占地100m^{2}计算[1],上述新增人口意味着需占地5.5×10^{4}km^2。而自1997年至2004年8年间,我国的耕地面积已经净减少了1.14亿亩[2]。有关学者测算表明,我国城市化水平每提高一个百分点,城市建成区面积将扩大1020.05km^2,耕地将减少4100.21km^2(约为城市建成区面积的4倍)。1987年至2001年,全国非农建设占用耕地共22634.47km^2。根据2012年《社会蓝皮书》可知,2012年我国城市化水平将首超50%,按照此报告,我国城市化水平将至少增加2.5个百分点,即我国将会损失约10250.51km^{2}耕地。在土地平面容量受限的前提下,学者与政府决策者转而寻求土地空间意义上的挖潜,通过合理安排土地开发在空间上的分布,在中心城区充分利用现有基础设施及区位优势,并将原有占用农

---

　　① 参见根据建设部计划财务司2011年度《城市建设统计年报》中有关资料整理。
　　② 参见陈锡文:《当前我国的农业、农村和农民问题》,《生产力研究》2007年第1期。

地及其他需要保护地类的开发转移至尚可加强开发密度的区域，以求协调保护与发展的矛盾。土地发展权制度便在此背景下提出且受到广泛的关注。① 美国等率先实施土地发展权制度国家的经验表明，土地发展权对于保护农地、开敞空间、历史遗迹、水源地及生态脆弱区等区域收效甚著。在美国有 30 多个州采用 TDRs，实施涉及近 142 个项目区②。

目前我国对于农地保护的制度，从以前单纯固定位置的农地保护，逐渐向允许耕地资源跨区域保护进行演变。国务院于 2008 年 9 月 10 日对于"武汉城市圈"综改方案的批复亦指出，允许在"武汉市城市圈"内进行跨市占补平衡，给予了发展权运行的空间。在我国的"浙江模式"中，浙江省部分地级市在无法保证耕地保有目标时，通过在重庆等地进行投资，由此产生的新增耕地作为浙江省该市的耕地保有量，到 2004 年为止，这一模式转移了 20000hm² 的耕地。这说明了农地发展权在中国实施的可能性及有效性。

（一）理论意义

1. 土地发展权法律和价值体系构建。

我国的土地产权制度框架为大陆法系的《物权法》，物权法中的重要权利组成部分：土地所有权、使用权等都不具备英美物权法的较强排他性，受国家警察权（police power）的约束较多，土地所有权人、使用权人等当事人不能自由创设法定类型之外的土地权利形态。我国特有的土地承包制度由于具有合同的性质在一定程度上体现为债权特征，而土地发展权价值往往是由于规划的变动才得以实现，因此土地发展权同时会受到警察权的影响。同时土地发展权在运用时往往体现为空间权及开发权，也有不少学者认为土地发展权就可以被称为空间权及开发权。因此，从中国独特的土地物权制度出发，我们必须进行本土化的理论重构和制度再创新，理清土地发展权的法学意义和权源权属有着其理论上的意义。

---

① 参见申京诗：《建议设立农地发展权和城市土地开发经营权》，《中国土地》2006 年第 2 期。

② 参见 American Farmland Trust（AFT）. Transfer of Development Rights：Fact Sheet, Sightline，org，2007.

　　近年来,土地发展权受到众多学者的关注和研究,但对其研究多限于农地发展权的定义、定价及运行,市地及其他类型土地发展权受到的瞩目较少。土地发展权并不只存在于农地类型中,市地发展权在市地置换、基准地价制定及市地开发调控中亦起到重要作用。不同区位土地价值的构成不同,其土地发展权价值构成亦不同,按照这一差异将土地区位划分为中心城区市地、一般城区市地及农地。建立纳入土地发展权的土地价值体系,可以为准确地认识土地发展权价值及其分配提供理论基础。

　　2. 土地发展权定价方法的完善。

　　土地发展权定价国内的研究涉足较少,且多停留在理论层面。对土地发展权定价实证部分的初步探讨包括:臧俊梅评估了土地发展权价值,认为土地的发展权价值等于建设用地综合地价减去耕地征购价格,并粗略估算土地发展权价值为 65.40 元/m²[1]。张友安对于土地发展权的内涵、影响因素作了简要分析,并未对土地发展权的价值进行估算[2]。周建春以耕地外部性价格扣除耕地的国家粮食安全价格、国家生态安全价格后得到耕地发展权价格,得到我国耕地发展权价格为 17.55 万元/hm²[3]。任耀采用耕地潜在市地价格减去耕地的生产收益价格、社会保障价值、社会稳定价格、耕地生态环境价格及土地开发费用和利润,得到可转移发展权的价值[4]。任艳胜采用条件价值评估法对湖北省宜昌、仙桃部分地区的耕地发展权做了评估,得出调查区域内发展权价值约为 82.73 万元/hm²[5]。土地发展权的定价,只限于农地发展权价值估算,而忽略了市地同样具有发展权价值。因

　　[1]　参见臧俊梅等:《从土地权利变迁谈我国农地发展权的归属》,《国土资源》2006 年第 6 期。

　　[2]　参见张友安:《土地发展权的配置与流转研究》,博士学位论文,华中科技大学,2006 年,第 120—125 页。

　　[3]　参见周建春:《中国耕地产权与价值研究——兼论征地补偿》,《中国土地科学》2007 年第 21 期。

　　[4]　参见任耀:《耕地发展权价格评估与交易机制研究》,博士学位论文,湖南师范大学,2010 年,第 66—67 页。

　　[5]　参见任艳胜等:《限制发展区农地发展权补偿标准探析——以湖北省宜昌、仙桃部分地区为例》,《资源科学》2010 年第 32 期。

此根据我国国情,区分中心城区市地、一般城区市地及农地来进行土地发展权定价,并根据不同类型土地发展权价值含义来确定不同的估价方法,可以丰富土地定价的理论和方法。

3. 土地发展权运行机制的构建。

确立土地发展权制度的根本目的在于利用这一制度进行开发调控,加强农地保护,因此土地发展权的转移、运行才是这一研究落于实处的着力点。本书从土地发展权的转移出发,建立土地发展权转移模型,分析不同信息条件下的决策者对于土地发展权转移的决策差异;最终得出土地发展权的转移量,及土地发展权价值的转移量。在此基础上分析不同土地发展权转移调控指标对于土地发展权转移项目运行的影响,从而得出符合实际的土地发展权转移项目运行机制。

(二)实践意义

1. 提供农地保护的新思路。

明确土地发展权使得农民及农村集体经济组织更明确其对于土地的权利和义务,从而在农地城市流转时,能从保障农户自身和村集体利益的角度出发,更加理性地进行流转的决策,遏制农地加速流转的趋势。而建立土地发展权项目则能够使得原有国家付费的农地保护项目向土地开发者付费的方向转换,使得付费主体更具有针对性,且土地的增值收益得到合理的分配。

2. 促进土地合理开发和集约利用。

土地发展权的实施使得土地的开发转移不仅限于开发土地面积的转移,而是扩展到单位面积土地上开发密度的转移,也就是将以往开发的平面转移推进为开发的空间转移,将拟开发的农地的开发密度转移至适合的建设区域,提高该区域的开发密度,这可以减少"圈地运动"的发生,且使得现有的建设用地得到更加充分的利用。

二、本书的研究目标和主要内容

(一)研究目标

土地发展权的主要用途是协调开发与保护的关系,现有的我国土地发展权研究不足以指导具体的土地发展权转移,因此这一用途就限于理论层面未能实现。本研究的目的即在于研究如何将土地发展权转移应用于我国的农地保护及旧城改造等项目中。

本书首先通过土地发展权法学定义及权源、权属分析,分析土地发展权在我国应表现为何种权利形态,理清土地发展权的权源后,得出土地发展权的合理权利人,从而使得土地发展权的权能及其价值能够更加公平地分配;将土地发展权植入我国法律体系框架后,根据我国国情建立土地发展权价值体系,分析土地发展权随区位的变化情况,并据此将研究区域划分为中心城区市地、一般城区市地及农地。针对不同区域土地发展权价值含义的区别,选取不同的土地发展权定价方法对其进行定价,得出相应土地发展权价值,在此基础上提出适合实际情况的土地发展权运行机制及建议。

具体而言,本研究需要解决的关键问题是:

1.土地发展权的性质如何? 土地发展权的归属如何? 是属于土地所有权人还是土地使用权人? 抑或是土地承包权人也有权利运用土地发展权?

2.土地发展权价值构成如何? 不同区域的土地发展权价值构成又有何区别?

3.不同区域土地发展权价值几何? 运用实物期权的思路和支付意愿调查来测算土地发展权的价值,得出合理的土地发展权指导价值。

4.土地发展权在我国的转移情况如何? 选定武汉市某一区域作为研究区域,依据该地区的社会经济及土地市场现状,将其与土地发展权项目相结合,分析土地发展权的数量及价值转移情况。

5.土地发展权转移的调控指标对于发展权数量及价值转移情况的影响如何? 在此基础上设置合理的土地发展权转移机制。

（二）研究内容

本书共分九章,各章主要内容阐述如下:

导论,介绍中国农地城市流转的背景,说明本研究是如何引出的,并明确研究的目的和意义。通过对国内外相关文献的搜索、阅读、整理和分析,了解农地城市流转制度的特点、征地补偿以及征地收益分配等相关研究领域的成果和进展,从而提出自己的研究思路、研究方法和研究的可能创新点。

第一章介绍了与本书相关的国内外研究进展,并对前人研究成果做出了简要评述。主要对土地发展权的起源、归属、定价、应用及转移制度方面的现有研究进行分析,并加以评述,由此引出本文的进一步研究方向。

第二章是本研究的理论基础部分。在这一部分内容中回顾、展开并讨论相关的理论基础,具体内容包括:土地发展权按不同条件分类的农地发展权、市地发展权、可转移发展权与可购买发展权的相关概念,并分析级差地租理论、城市空间结构理论、选择权价值理论及实物期权理论为本研究后续研究的开展奠定基础。

第三章确定土地发展权的定价方法。确定具体的土地发展权定价方法前,对土地发展权价值进行解析,分析土地发展权价值的构成,建立土地发展权价值模型。根据土地发展权价值构成的差异将土地发展权定价区域划分为中心城区市地、一般城区市地及农地,并提出这3个不同区域间土地发展权价值构成的差异。为验证这一假设,设计土地发展权价值评估问卷,并分为中心城区市地、一般城区市地及农地调查问卷,通过预调查避免问卷的嵌入效果、抗议性偏差及假想偏差。最终选取适当的样本容量及调查区域进行大规模的问卷调查。

第四章是对市地发展权价值的求取,根据第三章设计的土地发展权价值调查问卷结果来进行中心城区市地和一般城区市地发展权支付意愿求取,根据不同的支付意愿得出不同区域的片状市地发展权价值,并利用回归得出市民土地发展权价值支付意愿的影响因素,分别得出中心城区及一般城区的市地发展权价值支付意愿的值,据此求取中心城区与一般城区的土地发展权片状估计价值。考虑到具体运用过程中的要求,亦对中心城区与一般城区市地发展权分别做点状估算。考虑到中心城区与一般城区市地发展权价值含义的不同,利用实物期权方法来求取中心城区的市地发展权价值,实物期权模型与竞争性土地市场模型来求取一般城区的市地发展权价值。并选取武汉市作为实证区域,作相应实证分析。

第五章分析农民调查问卷,对农地发展权支付意愿影响因素作 Logistic 回归分析,得出农地发展权支付意愿的显著及非显著的影响因素,测算其支付意愿并得出农地发展权的片状价值。

第六章分析土地发展权在需求区与供给区之间的转移,依据博弈论的思想建立不完全信息下的土地开发量转移模型,分析土地发展权设立后对于土地开发量的影响。建立理论模型后,选取武汉市洪山区作为研究区域,在其中选取土地发展权转移项目的需求区与供给区,具体分析土地开发量在需求区域供给区之间的转移,以及影响开发量转移的因素。

第七章在土地发展权需求区与供给区的选取,以及第五、六章中对于不同类型土地发展权价值定价的基础上,首先对土地发展权转移的价值量进行具体量化。土地发展权项目在转移数量的平衡外,同时需达到土地发展权转移价值的平衡。进而根据土地发展权项目的数量与价值转移的情况,分析一系列的土地发展权转移调控指标对于土地发展权转移数量与价值平衡的影响,从而设置土地发展权项目的合理调控指标,以建立符合实际的土地发展权转移机制,指导土地发展权在我国的具体应用。

第八章为结论和讨论部分,对本研究所得到的结果做出综合和总结,并对研究中尚需完善的问题及未来研究方向做出阐述和展望。

三、本书的研究思路与方法

(一)研究思路

本书从开发和保护这一重要的社会矛盾角度出发,提出我国应采用综合开发与保护的土地发展权思路,将注意力集中于土地发展权这一舶来品在中国的特有体制下的建立与运用。而《论语·子路》有云:"名不正则言不顺,言不顺则事不成。"因此本书通过"定义—求值—转移—调控"的思路来进行土地发展权在我国的运用研究,分为四个部分:

首先从土地发展权的定义入手,得出土地发展权在我国的大陆法体系下的归类探讨,并明确其归属。根据其法律定义,确定经济含义;建立包含土地发展权的土地价值体系,分析土地发展权价值质与量的变动;据此划分土地发展权的研究区域,在不同研究区域根据其价值特征选定不同的土地发展权价值估算方法;测算得出具体的土地发展权价值后,以武汉市洪山区

研究问题的提出

研究的背景、目标和意义

文献追踪

相关理论的界定

级差地租理论　产权理论　实物期权理论　选择权价值理论

土地发展权法律基础界定

土地发展权价值体系建立

土地发展权定价研究

中心城区　一般城区　农地

CVM调查法

问卷设计

预调查修改问卷　｝修正

大规模问卷调查

市民调查问卷　农民调查问卷

中心城区与一般城区
片状市地发展权价值　农地
片状农地发展权价值

实物期权方法　实物期权及
竞争性土地市场方法

中心城区点状
土地发展权价值　一般城区点状
土地发展权价值

土地发展权转移量模型建立及转移量测算

土地发展权转移项目机制设计

结论与政策建议

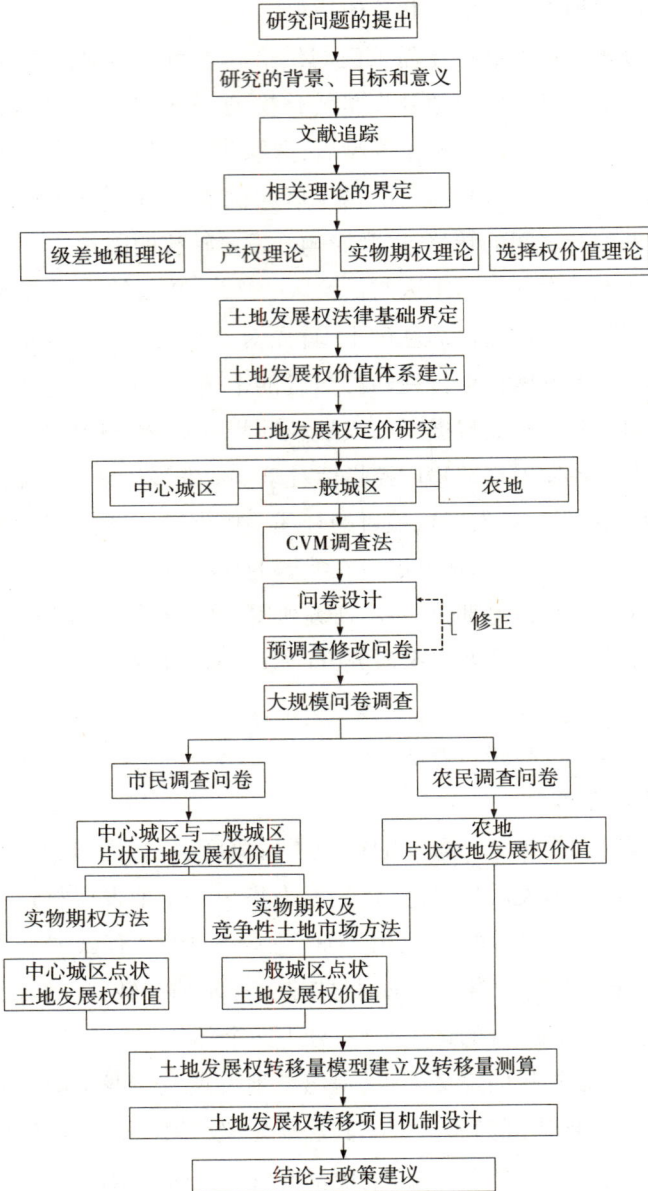

图 0-1　技术路线图
Fig.0-1　Framework of the Dissertation

为例,选定供给区与需求区;分析土地发展权在供给区与需求区之间的转移量;进而分析考虑土地发展权价值的土地发展权转移量;确定一系列土地发展权调控指标对土地发展权价值的影响;最终构建适合实地情况的土地发展权转移机制。四大部分内容之间层次分明,层层递进,构成了研究土地发展权定价和运行的完整分析思路。

（二）研究方法

本书的研究方法主要分为新古典经济学理论和新制度经济学理论两个方面。其中:

1. 在土地发展权价值体系的构建上,土地发展权属于产权的一类,本书利用新制度经济学中的产权理论对其进行分析。

新制度经济学家一般都认为,产权是一种权利,是一种社会关系,是规定人们相互行为关系的一种规则,并且是社会的基础性规则。产权经济学大师阿尔钦认为:"产权是一个社会所强制实施的选择一种经济物品的使用的权利。"这揭示了产权的本质是社会关系。在鲁宾逊一个人的世界里,产权是不起作用的。只有在相互交往的人类社会中,人们才必须相互尊重产权。产权是一个权利束,是一个复数概念,包括所有权、使用权、收益权、处置权等。

2. 在土地发展权定价中,运用新古典经济学代表人物萨缪尔森开创的期权定价理论,对于中心城区与一般城区市地进行定价。

期权定价理论(Option Pricing Theory , OPT)——萨缪尔森是期权定价理论的创始者,他于 1965 年发表《认股证的理性定价理论》,开始了对认股证定价的研究。具体的期权定价模型由布莱克与斯科尔斯在 20 世纪 70 年代提出。该模型认为,只有股价的当前值与未来的预测有关;变量过去的历史与演变方式与未来的预测不相关。模型表明,期权价格的决定非常复杂,合约期限、股票现价、无风险资产的利率水平以及交割价格等都会影响期权价格。

3. 在土地发展权转移量分析中,本书基于新古典经济学对于"垄断竞争"或"不完全竞争"的市场模式的分析,通过建立开发者与政府决策者的二元博弈体系,来测算土地发展权开发量的转移,且注重政府干预的积极作用,通过依靠政府的依法调控,实现市场有效配置资源的作用。

新古典经济学历经了"张伯伦革命""凯恩斯革命"和"预期革命"三次大的革命得以形成。其中"张伯伦革命"摈弃了古典经济学把竞争作为普遍现象、把垄断看作个别例外的传统假定,认为完全竞争与完全垄断是两种极端情况,更多的是处在两种极端之间的"垄断竞争"或"不完全竞争"的市场模式。他们运用边际分析法,分析了"垄断竞争"的成因、均衡条件、福利效应等,从而完成了微观经济的革命。此外,在20世纪末,以美国经济学家斯蒂格利茨1993年出版的新《经济学》教科书为代表和标志,西方主流经济学又开始了第四次"整合"。斯蒂格利茨完成的理论创新在于:一是将宏观经济学的表述直接奠定于扎实的微观经济学基础之上,从而实现对萨缪尔森《经济学》的超越;二是加强对信息问题、激励问题、道德问题、逆向选择问题等新课题的研究并取得新成果和新发展;三是进一步注重政府干预经济的积极作用,认为依靠政府的依法调控,就能实现市场有效配置资源的作用。

4.在土地发展权转移的指标确定中,我们通过对于产权安排的设置对于资源配置效率的影响分析,来确定土地发展权的一系列调控指标值。

当一种交易在市场中发生时,就发生了两束权利的交换。交易中的产权束所包含的内容影响物品的交换价值,这是新制度经济学的一个基本观点之一。产权实质上是一套激励与约束机制。影响和激励行为,是产权的一个基本功能。新制度经济学认为,产权安排直接影响资源配置效率,一个社会的经济绩效如何,最终取决于产权安排对个人行为所提供的激励。

本研究可能的创新主要包括以下3个方面:

1.初步建立成体系的土地发展权价值系统,并分别对中心城区、一般城区与农地的土地发展权价值进行定量分析。

异于前人独立的土地发展权价值估算,将土地发展权价值纳入土地价值体系当中,并由土地发展权价值的变化将土地发展权分为中心城区市地发展权、一般城区市地发展权及农地发展权。将土地发展权的不同变化区域区分为中心城区市地、一般城区市地及农地。这明晰了土地发展权的价值变动的原因,且为土地发展权在不同区域内的转移构建了理论框架。

现行对土地发展权的定量分析多采用 CVM 法、Hedonic 法、市场法等,本书从土地发展权价值系统出发,区分中心城区市地、一般城区市地与农地的土地发展权价值内涵,采用美式期权法、竞争性土地市场模型与 CVM 法分别对其进行定量分析并得出具体的土地发展权价值。

2. 土地发展权空间转移模型和测算土地发展权的空间转移。

我国的可转移发展权项目多局限于土地开发面积的平面转移,因此对于开发量进行估算没有代表意义,而即使有真正意义上的土地发展权空间转移制度,论述也较为概略,且对于可转移发展权项目的需求区与供给区选取的分析尚未展开,对于开发量的分析也未涉及。土地开发量的最终结果是一个多方博弈的过程,在可转移发展权项目的供给区与需求区也同样如此。其中不同利益相关者对于开发量的最佳选择有所不同,本书依据博弈论的思想建立不完全信息下的土地开发量转移模型,确定设立土地发展权后对于土地开发量的影响。在建立理论模型后,选取武汉市洪山区作为研究区域,并在其中选取土地发展权转移项目的需求区与供给区,具体分析土地开发量的转移。

3. 构建土地发展权项目转移机制。

以土地发展权转移的具体运行为基础,分析不同土地发展权调控指标对于土地发展权运行情况的影响,具体包括单位土地发展权面积、转移比率、基准规划密度和密度附加。以有效土地发展权需求、土地发展权项目区收益最大化为目标,设置合理的土地发展权调控指标,构建适合实际运行的土地发展权项目机制。

第一章 国内外研究进展及评述

在本书的研究展开之前,本章首先对现有土地发展权的国内外研究进展进行了评述。盖因任何一项新的研究都建立在前人的基础之上,分析前人现有的研究方法及理论,沿用现有理论中可取之处,分析现有研究中不足之处并加以补充研究,方能在土地发展权研究领域做进一步的探索。因此本章对于土地发展权的起源、归属、定价、应用及转移制度方面的现有研究进行分析,并加以评述,由此引出未来进一步的研究方向。

第一节 土地发展权起源

任何一项制度的产生,都存在着偶然性和必然性。第二次世界大战结束后,由于战后城市重建和人口增长所带来的土地需求压力,不论是大陆法系还是英美法系的发达国家,都开始有意识地淡化土地所有权的绝对性,并对空间权或地上权进行一定的限制①。自此,土地发展权开始登上政策舞台,并在之后的 40 年中得到充分的发展,逐渐成为国际性的主要土地调控政策。

土地发展权(Land Devlopment Right,LDR),广义上指将土地改为最佳

---

① 参见胡碧霞、姜栋:《部分国家和地区土地空间利用法律制度比较》,《中国土地科学》2010 年第 12 期。

利用方向的权利①。现有对其狭义的理解则专指将土地转为建设用地的权利。可转移发展权则是将某一地块无法实现或该土地所有者不愿意实现的土地发展权，转移至另一地块实现的权利，具体实施中一般以土地发展权项目来进行。设置土地发展权项目可以有效地消弭开发者与政府决策者之间的冲突，具体的开发量转移方式如图 1-1 所示。

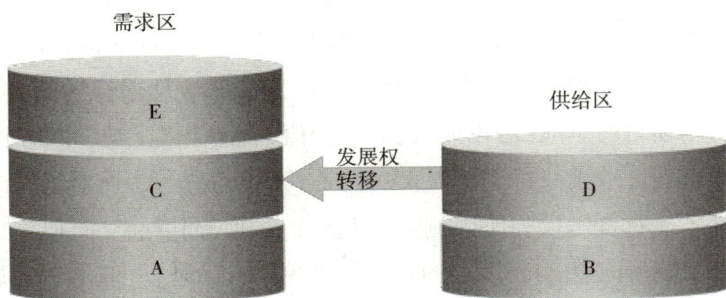

图 1-1 TDRs 从供给区向需求区转移示意图
Fig.1-1 Transferable development right transfer
from sending zone to receiving zone

图 1-1 中的供给区与需求区，由土地发展权的分区（Zoning）确定，规划为保护的区域通常成为土地发展权项目的"供给区"（Sending Zone），规划用作开发的区域成为"需求区"（Receiving Zone）。A 和 B 分别代表需求区与供给区在规划限制下的基准开发密度。E+C+A 和 D+B 分别指需求区与供给区的开发者的最优开发密度，在设立土地发展权项目后，供给区的超出规划限制的开发部分 D 转移至需求区形成可以突破限制的开发密度 C，因此最终的需求区的开发量为 A+C，供给区的开发量为 B，发生的开发量转移为 C＝D。

土地发展权在西方的顺利运行建立在土地的私有化和市场化的基础上。而在我国特殊的二元土地制度下，理清土地发展权在法律体系中的位

① 参见汪晗、张安录：《基于科斯定理的农地发展权市场构建研究》，《理论月刊》2009年第 7 期。

置,有利于认知其应用及运行过程中的特点,分析其在我国独特土地制度背景下实施存在的问题。

第二节 土地发展权归属及权源

土地发展权作为一项权利,在我国法律系统中尚未清晰表达。现有研究将土地发展权归为空间权的一种,视作土地在空间上向纵深方向发展、在使用时变更土地用途的权利①,亦有学者认为其属于地役权的延伸②。地役权是为增加自己土地(需役地)的利用价值,而在他人土地(供役地)上设置的某种权利。地役权对地役权人来说是其权利的扩大,而对地役人来说是一种义务或对自己权利的限制③。从这个角度上来看,空间权作为土地发展权的表现形式④,与其运行的过程固然密不可分⑤,可谓土地发展权的表象,但土地发展权的转移实质则与地役权更加契合。结合土地发展权的运行案例(如图1-1所示),我们可以更加清晰地看到这一点。按照土地发展权作为地役权的一种来分析,其供给区的土地可作为地役权的供役地,其需求区的土地可作为地役权的需役地。供给区的供役地所有权人、使用权人负有减少其开发或保持开敞空间等一系列事先规定的义务,需求区的地役权人则有支付供役地所有权人、使用权人费用的义务,并享有对供役地利用的权利,即将供役地受限制的开发在需役地上进行实现。土地发展权早期的另一种称谓:保护性地役权(Conservation Easements)也从一定程度上

---

① 参见胡兰玲:《土地发展权论》,《河北法学》2002年第2期。赖志忠:《论农村集体土地发展权的归属》,《南方农村》2009年第2期。

② 参见汪晗等:《基于科斯定理的农地发展权市场构建研究》,《理论月刊》2009年第7期。

③ 参见该定义由全国科学技术名词审定委员会审定公布。

④ 参见谷绍勇:《房屋租赁权源探究》,《人民法院报》2000年9月5日第3版。梁慧星:《〈民商法论丛〉第9卷编后感》,《法学》1998年第5期。万磊:《土地发展权的法经济学分析》,《重庆社会科学》2005年第9期。

⑤ 参见李祖全:《农地发展权之法律建构——以私权为研究视点》,《时代法学》2009年第7卷第1期。

说明了这一点①。

　　明晰土地发展权作为地役权的一种后,本书进一步确定土地发展权在我国法律体系中的地位。在 2007 年 10 月 1 日实施的《中华人民共和国物权法》(以下简称《物权法》)中,首次将地役权正式纳入法律体系,并将其作为用益物权的一种,这同时也结束了关于土地发展权是债权性质还是物权性质的争论(现行的《土地管理法》对于地役权尚无界定)。《物权法》第三编第十四章第一百六十二条指出:"土地所有权人享有地役权或者负担地役权的,设立土地承包经营权、宅基地使用权时,该土地承包经营权人、宅基地使用权人继续享有或者负担已设立的地役权。"这指明集体土地中的农地及农村宅基地都可以作为地役权的需役地或供役地,为土地发展权在实际中的应用提供了理论基础。

　　对于土地发展权法学层面上的争论除了其法律定位外,对于其归属的争议也从未停止②。有主张将发展权归国家所有,若要进行开发使用者必须首先向国家购入发展权③的意见;也有主张土地发展权归为土地所有者所有,国家若要进行土地开发可向农地所有者购买发展权,或允许农地发展权进入市场自由交易④的看法。然而权利的主体究竟如何?《物权法》第一百六十三条指出:"土地上已设立土地承包经营权、建设用地使用权、宅基地使用权等权利的,未经用益物权人同意,土地所有权人不得设立地役权。"其第一百六十六条为:"需役地以及需役地上的土地承包经营权、建设用地使用权部分转让时,转让部分涉及地役权的,受让人同时享有地役

---

　　①　John B.W.and Rhonda S.*Purchase of Development Rights and Conservation Easements*:*Frequently Asked Questions.NMSU and the U.S.Department of Agriculture Cooperating*,November 2002.

　　②　参见金小琴:《征地中的失地农民权益保障研究——基于 112 个农户的调查与分析》,硕士学位论文,四川农业大学,2006 年,第 9—10 页。

　　③　参见胡兰玲:《土地发展权论》,《河北法学》2002 年第 2 期。沈守愚:《论设立农地发展权的理论基础和重要意义》,《中国土地科学》1998 年第 12 卷第 1 期。陈泉生:《论土地征用之补偿》,《法律科学》1994 年第 5 期。

　　④　参见张安录:《灾区农业生产结构—功能—效益对应变换分析》,《农业现代化研究》2002 年第 23 卷第 5 期。

权。"这充分说明,地役权的设立权虽然属土地所有权所有,但其占有、收益和使用的权利属于用益物权人所有。通过上述分析,我们得到以下结论:

第一,就城市土地而言,其初始土地发展权的设立由其所有者,即国家行使,但其设立需征求其用益物权即土地使用权人同意,且其占有、使用和收益的权利归土地使用权人行使。

第二,对于农村土地,土地发展权主体为村集体经济组织这一集体土地的名义所有者,其设立权属村集体经济组织行使,但需要征求土地承包经营权人即农户的同意,其设立、占有、使用和收益的权利亦归农户行使。

第三节　土地发展权的定价

土地发展权设置的理论基础是相关定义和法律层面的清晰界定,而实施的关键则在于土地发展权的定价。国外学者对于土地发展权价值的研究大体可分为四个方面:第一,根据土地发展权的基本含义定价。定价公式为:土地发展权价值=土地转换后的价值-土地转换前的价值-转换成本①,其中又分为用途转化模型②和土地开发变动模型③。前者基于土地最佳利用原则,后者则强调不同土地开发情况对发展权价值的影响。这一方法是最为基本的土地发展权定价方法,在运用于不同类型的土地发展权定价时,应做出相应的调整。这一方法的难点在于对土地用途转换后价值的估算,

---

① Andrew J.P.& Douglas J.M.,"Agricultural Value and Value of Rights to Future Land Development",*Journal of Land Economics*,February 2001. pp.56−67.

② Chavooshian B.B., Thomas N., "Transfer of Development Rights:A New Concept in Land-Use Management",*The Appraisal Journal*,No.6,1975. pp.400−409.John C.D.,"TDRs—Great Idea But Questionable Value",*The Appraisal Journal*,April 1997,pp.133−142. Cynthia J.N.,Lori Lynch."The Effect of Farmland Preservation Programs on Farmland Prices".*Amer.J.Agr.Econ.*Vol. 83,No.2,May 2001,pp.341−351.

③ Wiebe,K.,A.Tegene,B.Kuhn.,*Partial Interests in Land:Policy Tools for Resource Use and Conservation*,US Department of Agriculture,Economic Research Service,Agricultural Economic Report. No.744,1996.

早期主要采用现金流等资产定价方法,近期则多运用实物期权的方法来进行土地转换后价值的估算,强调土地未来价值的不确定性。第二,土地发展权定价的非市场方法。分为农业地租恒定的发展权价格模型①和考虑农业价值影响因素的发展权定价模型②。在缺乏发展权交易价格数据情况下,采用 Hedonic 土地价值模型可以实现发展权定价,并且可以用来预测所有可开发地块(developable parcels)的发展权价格。但已有发展权交易市场时,该方法就不再适用,且调查之外数据的有效性决定着分析结果的准确性。第三,土地发展权定价的市场法。由于国外现有的土地发展权项目较多,相应的土地发展交易市场较为活跃,土地发展权银行(Transferable Development Right Bank,TDRB)的存在使得土地发展权的成交数据也易于获得,因此市场法的运用较多,但对于我国目前而言实用性不大③。第四,土地发展权定价的假设市场法。土地发展权的设置是为了保护农地及促进环境保护,具有一定公共产品属性,因此用条件价值评估法来反映消费者对物品的偏好也就成为估算土地发展权价值的方法之一。此类方法特别适用于估算整片土地的发展权价格,但作为陈述性偏好方法,其准确性受到问卷设计的信度、效度,以及受访者和访问者的水平等多方面因素的影响④。

①　Andrew J.P.& Douglas J.M.,"Agricultural Value and Value of Rights to Future Land Development",*Journal of Land Economics*,February 2001. pp.56-67.

②　David,A.N..*Spatial Economic Models of Land Use Change and Conservation Targeting Strategies*.PhD Dissertation.University of Californial,Berkeley,2002.

③　Dale J.Price,"An Economic Model for the Valuation of Farmland TDRs".*The Appraisal Journal*,October 1981. pp.547-555.James C.Nicholas,*Transferable Development Rights in the Rural Fringe Area*,September 2003.

④　Thomas W.Blaine,Frank R. Lichtkoppler,Reed Stanbro,"An Assessment of Residents Willingness to Pay for Green Space and Farmland Preservation Conservation Easements Using the Contingent Valuation Method(CVM)",*Journal Extension*,Vol.41,No.4,August 2003.Bethany Lavigno.Jeffrey Dorfman,Barry Barnett,and John Bergstrom.*Farmland Preservation in Georgia:Three Possible Roads to Success.* May 10,2004,pp.18,21,42,46.

　　国内对于土地发展权定价的研究已经有所开展,主要集中在定性分析方面①,定量分析虽逐渐有所涉及但研究成果仍然偏少。王永慧、严金明通过对农地发展权界定、细分和具体的量化分析,结合北京市海淀区的土地利用总体规划修编,对海淀区北部地区农地发展价格测算和分配进行分析,求得其区域内每公顷的农地发展权价值②。周建春通过用耕地外部性价格扣除耕地国家粮食安全价格、国家生态安全价格,求得我国耕地发展权价格为17.55万元/hm²。③ 任耀采用耕地潜在市地价格减去耕地的生产收益价格、社会保障价值、社会稳定价格、耕地生态环境价格及土地开发费用和利润,得到土地发展权的价值。④ 任艳胜采用条件价值评估法对湖北省宜昌、仙桃部分地区的耕地发展权做了评估,得出调查区域内发展权价值约为82.73万元/hm²,⑤笔者建立武汉市农地发展权价值估算模型,并以石榴红农场为例,得出其发展权单价为1030.91元/ m²,总的农地发展权价值为155698.34万元。⑥ 研究表明,农地发展权价值呈非线性的变动,且主要受到至商业中心驾车时间、商业中心人口变动以及当地农业收入等因素的影响。

　　① 参见臧俊梅:《农地发展权的创设及其在农地保护中的运用研究》,博士学位论文,南京农业大学,2007年,第250—252页。邹钟星等:《土地发展权价格的测算方法》,《统计与决策》2009年第4期。

　　② 参见王永慧等:《农地发展权界定、细分与量化研究——以北京市海淀区北部地区为例》,《中国土地科学》2007年第21卷第2期。

　　③ 参见周建春:《中国耕地产权与价值研究——兼论征地补偿》,《中国土地科学》2007年第21卷第1期。

　　④ 参见任耀:《耕地发展权价格评估与交易机制研究》,硕士学位论文,湖南师范大学,2010年,第61—63页。

　　⑤ 参见任艳胜等:《限制发展区农地发展权补偿标准探析——以湖北省宜昌、仙桃部分地区为例》,《资源科学》2010年第32卷第4期。

　　⑥ 参见汪晗等:《武汉市农地发展权定价研究》,《中国土地科学》2011年第25卷第7期。

第四节 土地发展权转移在国际上的应用

最早的土地发展权起源于 1947 年的英国《城乡规划法》①,但土地发展权项目作为一个独立的概念被提出并加以运用则是始于 20 世纪 60 年代的美国。1961 年,Gerald 第一次提出土地发展权转移的思想②。美国建立第一个土地发展权转移制度的法律文件是 1968 年《地标保护法》(Landmark Preservation Law),该法规定具有历史意义的界标禁止改变或拆毁,但允许界标的所有人将界标所在地的土地发展权转移给邻近的土地③。

随后出于限制人口增长、保护开敞空间、标志性建筑、环境敏感地等不同目的,佛蒙特州、芝加哥、马里兰、新泽西、华盛顿、弗吉尼亚等市州在 20 世纪 70 年代陆续推行发展权移转制度,到如今在美国已有 30 多个州,近 142 个项目区④采用土地发展权转移。土地发展权项目同样被用于森林和野生物栖息地的保护。国际环境组织发起了国际范围内的发展权转移项目,用以偿还国际间的债务。但由于过于片面的决定土地发展权价值,且没有长期、持续的资金来源,这一市场创立以来交易量很小。全球环境组织(GEF)亦致力于转移发展中国家重要环境保护区的可转移发展权至发达国家,并给予出让方补偿,但未借助市场的力量最终导致其发展受限。为此学者们对于土地发展权市场的重要性投入更多关注,哈佛大学国际发展研究中心尤其关注于生物多样性的跨国保护,Theodore 于 1994 年提出建立一个土地发展权的市场以增加潜在的生物多样性保护的供给与需求,使得供给方与需求方都有所收益,分析了建立有效的土地发展权市场必需的条

---

① 参见康媛等:《借鉴英国土地发展权重设我国土地权利体系》,《法治与社会》2009 年 12 月。

② Gerald Lloyd. , *Transferable Density in Connection with Zoning* , Technical Bulletin , 1961.

③ Fulton. et al. , *TDR and Other Market-based Land Mechanisms*: *How They Work and Their Role in Shaping Metropolitan Growth* , The Brookings Institution Center on Urban and Metropolitan Policy , June 2004.

④ American Farmland Trust(AFT) , Transfer of Development Rights: Fact Sheet.

件和干涉,并设计了一系列机制。Kenneth 以巴西的 Minas Gerais 市为例,建立一个假设的生物多样性保护土地发展权转移市场,分析其生态和经济的影响,建立林地发展权的估价模型,并利用土地覆被和土地生产力的数据来调整这一模型①。在荷兰,政府启用了一个"空间换空间"(Space for Space)的土地发展权计划,将废弃的农业区中有碍观瞻的牛棚等建筑进行拆除,一部分建造高档的住宅,一部分转换为洁净生产的农地②。日本也认识到土地发展权对于开发的调控作用,东京的初台淀桥特定街区原为东京工业实验所,而由于城市化水平的提升,该处土地的利用程度不足,需要进行土地置换;而东京中心城区内又需要建设新的国立剧场,因此采用土地发展权转移制度,将原东京工业实验所的土地进行置换,用于国立剧场的建设③。我国台湾地区的土地发展权转移则主要用于古迹保存,将古迹区的开发容积转移附加至其他地区进行更高密度的开发④。其中代表性的台湾大稻埕历史性店屋的保存中,有 84 座申请进行容积率的转移,截至 2007 年,有 68 座通过审核批准进行容积转移,20 座全部转移完毕⑤。

　　土地发展权具体的运用包括农地保护、水源地保护、森林保护、生物多样性保护、生态脆弱区保护、史迹保护、旧城改造及容积置换等,发展权转移的范围也从同县、同省逐渐扩大到跨省甚至跨国,一般表现为具体可转移发展权实施项目。Tom(1999)总结了土地发展权转移受到欢迎的原因,包括:第一,使得已开发地区的开发密度增加,从而更加充分地利用公共设施;第二,节约公共财政经费;第三,保障了土地所有者的权益,使他们得到充分补偿;第

---

　　①　Kenneth M.C., "Transferable Development Rights and Forest Protection: An Exploratory Analysis", *International Regional Science Review*. Vol.27, No.3, 2004, pp.348-373.

　　②　Leonie B.J., "Space for Space, a Transferable Development Rights Initiative for Changing the Dutch Landscape", *Landscape and Urban Planning*. Vol.87, No.6, 2008, pp.192-200.

　　③　参见武井利行:《日本容积率移转制度与相关法律之演进》,"内政部营建署"容积移转研讨会论文,1999 年。

　　④　参见林元兴等:《容积转移与古迹保存》,《中国土地科学》1999 年第 13 卷第 5 期。

　　⑤　参见吴宗奇:《容积转移(TDR)作为历史保存手段的神话(Myth)建构——大稻埕历史风貌街区为借镜》,硕士学位论文,淡江大学,2007 年,第 34—37 页。边泰明:《限制发展土地之补偿策略与财产权配置》,《土地经济年刊》,(台湾)"中国"地质研究所 1997 年。

四,保护大量农地的同时引导新的开发,达到均衡发展的目标。这在一定程度上解释了为何要推进土地发展权转移制度在我国的实施。而土地发展权转移制度广泛的运用范围及形式为我们展示了这一工具的普适性及多变性,也摒弃了将土地发展权转移制度仅限于农地的思路。土地发展权转移制度在我国的立足还需要一段时间才能完成,但对已有他国的土地发展权转移制度的学习无疑可以缩短这一过程。

第五节　土地发展权转移制度在我国的实践

　　我国尚未明确地建立土地发展权转移制度,一些地方政府有着类似土地发展权转移的制度创新实验,但面临诸多问题。在已经进行尝试的政策实验中,主要通过建立保护基金的方式及保护指标的转移来进行。具体包括:第一,成都耕地保护基金。2008 年开始,成都市每年投入 26 亿元,对基本农田实施 400 元/亩/年的补贴标准,对一般耕地实施 300 元/亩/年的补贴标准,这一补贴的 90% 用于农户的养老保险。发放耕地补贴的土地必须签订《耕地保护合同》,每年完成耕地保护目标后,再进行补贴①。第二,浦东新区基本农田保护和扶持村级组织专项资金。上海市浦东新区自 2010年起设立 3.5 亿元基本农田保护和扶持村级组织专项资金,其中 1.35 亿元用于基本农田保护区域内土地承包农户的政策性补贴;1.58 亿元用于保障村级组织公共管理、公益事业和村集体承担的部分合作医疗经费补贴;0.57亿元用于一事一议补贴。其中对于农户的补贴为耕地 300 元/亩/年,其他农用地 150 元/亩/年②。以上两地的实验以基金补贴为主,没有借助市场的力量来保护农地,从而造成一定的财政压力,影响了其最终的成效。第三,建设用地指标跨省转移的"浙江模式"。通过构建"折抵指标有偿调剂"、"基本农田易地代保"和"异地补充耕地"这 3 个具有可操作性的概念,

---

　　①　《成都市耕地保护基金使用管理办法(试行)》成府发〔2008〕8 号。
　　②　参见《浦东新区 2010 年基本农田保护和扶持村级组织专项资金使用管理办法》中共浦东新区农村工作办公室,浦东新区农业委员会,浦东新区财政局于 2011 年 3 月 17 日发布。

实现了"跨区域土地发展权交易"①;通过在重庆等地投资进行土地整理,整理所致新增的农地指标作为浙江省的建设用地占用指标;第四,政府向农民租地的"广州模式"。政府出资每亩每年 1500 元向果农租地,租期为 10年;土地所得收益中 65%归果农,35%归政府,政府收益部分则主要用于公园生态系统改造等②;第五,城乡土地地票交易的"重庆模式"。这一模式与浙江模式较为类似,不同的是,浙江模式实现了跨省的转移,而重庆模式仍限于重庆内部城乡之间的转移,但重庆模式首次引入了"地票"这一概念,这一概念与发展权有诸多相似之处,值得深思③。

　　以上这些尝试对于农地及生态用地的保护起到了积极作用,并实现了保护成本的转移。这些尝试在开发的转移上囿于开发面积的水平转移④,未能实现开发密度在空间意义上的转移⑤,且项目运作的出发点多为如何平衡建设用地占用指标,而非对农地及生态用地的保护⑥。这在此前提下,经济发达地区得以突破农地保护的限制,经济欠发达地区则可以进行农地的整治,使得农业生产产出增加,一定程度上存在双赢。但由于土地发展权的转移是平面意义上的,除了存在导致过度开发的可能外⑦,还会促进经济发达地区农地的加速减少,失去了土地发展权转移制度以空间开发替代平面开发的意义。

---

　　①　参见汪晖等:《论土地发展权转移与交易的"浙江模式——制度起源、操作模式及其重要含义》,《管理世界》2009 年第 8 期。

　　②　参见刘国臻:《论美国的土地发展权制度及其对我国的启示》,《法学评论》2007 年第 3 期。

　　③　参见张鹏等:《基于土地发展权与制度变迁视角的城乡土地地票交易探索——重庆模式分析》,《经济体制改革》2010 年第 5 期。

　　④　参见胡碧霞、姜栋:《部分国家和地区土地空间利用法律制度比较》,《中国土地科学》2010 年第 12 期。

　　⑤　参见贾海波:《农地发展权的设立与权利属性》,《中国土地》2005 年 10 月。

　　⑥　参见王丽芳:《农村土地信托保护模式下的土地可转移发展权运作模式研究》,《北京农业》2007 年第 5 期。

　　⑦　Arik., "Why Oppose TDRs? : Transferable Development Rights Can Increase Overall Development", *Regional Science and Urban Economics*, Vol.27, No.3, 1997, p.14.

第六节　土地发展权转移的制度设计
和基于我国国情的探讨

Tom 认为土地发展权转移项目的运行必须具备 4 个要素:第一,供给区;第二,需求区;第三,售出发展权的量化;第四,转移的程序。首先,需要确定的是供给区与需求区的位置。针对美国各州土地发展权转移项目规划者的问卷调查结果显示,合理的选取需求区与供给区的位置是决定发展权项目成功与否的重要决定因素①。可以作为供给区的土地包括:环境保护区、开敞空间、农业区、历史和文化区等②。土地发展权转移项目最为普遍的问题是需求不足,因此供给区的开发压力较大时,发展权的转移效率较高,需求区同样如此。在需求区的选择上,不仅应选择具有较大开发潜力的区域,还应考虑到基础设施建设的配套是否能够承载土地开发密度的增加。Arik 运用博弈论的思想,分析了发展权设置前后土地开发量的变化,通过这一模型,可以预测在某一需求区与供给区设立土地发展权转移项目前后,将会发生的土地发展权转移量,这有效地避免了土地发展权转移项目区运行后,需求区需求不足或开发过度造成密度阴影(Density Shadow)的问题③。并得出土地发展权转移项目的设置不一定会导致需求区的过度开发,具体开发量的转移受到开发收益、需求区与供给区面积以及建筑成本等因素的影响的结论。确定需求区与供给区后,土地发展权转移的具体程序为申请与初步审查、综合评估与价格确定、签约与备案与监督④。规范的实

---

① Michael. et. al. " Planners ' Experiences in Managing Growth Using Transferable Development Rights(TDR)in the United States", *Land Use Policy*,Vol.25,No.2,2008,pp.378-387.

② Elizabeth Kopits. et. al., Making Markets for Development Rights Work: What Determines Demand?, *Land Economics*. Vol.84, No.1, 2008. pp.1-16.

③ Arik. Why oppose TDRs?: Transferable Development Rights Can Increase Overall Development. *Regional Science and Urban Economics*. Vol.27, No.3, 1997, p.14.

④ Warnert, Jeannette. Cash and love of land motivate Farmers to Sell Development Rights. *University of California, Agricultural and National Resources*. January 22, 2001. pp.209-223.

施程序便于管理、规范土地发展权转移行为；但过于复杂的程序亦会导致过高的管理成本，影响到土地发展权转移的交易效率，尤其在土地发展权转移制度初始设置时，过于繁杂的手续和过高的管理成本都会打消需求者和供给者的积极性，有悖土地发展权转移项目设置的初衷。因此设置我国的土地发展权转移制度时，也必须考虑到管理成本和制度运行效率的问题。

　　现有对于土地发展权转移项目运行机制的设计受到缺乏实践的限制，但仍在缓慢发展。谭荣尝试借鉴成熟的排污权交易理论，将农地的非农开发看作具有空间异质性和时间专用性的污染，对比几种不同的排污权交易模式，为中国农地非农开发设计了各种情况下的配额交易模式，从理论和实践上论证了这种治理结构制度设计替代产权结构改革的可能性和具体途径①。但开发土地或转售土地发展权转移所造成的结果的不可逆，是土地发展权转移市场与排污权交易及其他许可市场的区别所在，土地所有者必须跨时期地做出一系列的决策，包括是否及何时出售土地发展权，在何时售出及售出多少等，一旦他们做出出售土地发展权或开发土地的决策，就将导致永久性的结果；且土地发展权转移市场有时会仅由少数的买者和卖者构成，这将导致高额的交易成本，降低市场基础下的系统的有效性。陈佳骊以浙江省嘉兴市秀洲区为例，设计了基于土地发展权转移的农村土地整治项目融资机制，这一机制局限于土地开发面积的平面转移，未能满足建设用地内涵挖潜的需求②。孙弘以北京市绿化隔离地区为例，构建了真正意义上的土地发展权转移空间转移制度，但论述较为概略，且对于土地发展权转移项目的实施前的区域选取与实施中的调控指标的分析尚未展开③。笔者以武汉市洪山区为例，建立土地发展权转移量的分析模型，具体地分析了土地发展权的设置对于需求区与供给区土地开发的影响，但尚未考虑土地发展

---

① 谭荣：《征收和出让土地中政府干预对土地配置效率影响的定量研究》，《中国土地科学》2010 年第 24 卷第 8 期。

② 参见陈佳骊等：《基于可转移土地发展权的农村土地整治项目融资机制分析——以浙江省嘉兴市秀洲区为例》，《农业经济问题》2010 年第 10 期。

③ 参见孙弘：《中国土地发展权研究：土地开发与资源保护的新视角》，中国人民大学出版社 2004 年版。

权购买成本对于土地发展权转移量的影响①。

回顾我国现有的土地发展权转移制度设计可以发现,目前的制度设计中,涉及土地发展权空间转移较少,而在我国建设用地需求与粮食安全冲突日益加剧之时,更应当注重土地的空间挖潜利用,原有平面的发展权转移无法真正地解决这一问题,只是将问题进行了转移,因此建立空间意义上的土地发展权转移项目势在必行。

国外对于土地发展权的研究已然臻于成熟。从土地发展权在国外的实施来看,其立足点始终是一项政策工具,在实施之前,对其法律含义并未有过多争议。这一方面是由于国外所有权的排他性较强,且地役权制度已然确立,土地发展权作为保护性地役权的一种,在实施时归属方面的争议自然较少;另一方面,彼时国外传统的土地政策已然无法调和人口增长和城市开发之间的矛盾,土地发展权势在必行,且行之有效。对美国 4 个时期的土地发展权研究可知,对于这样一项措施,人们大多从项目的有效性、实施效果、改进方法等方面进行探讨②。

相比之下,土地发展权的研究在我国方兴未艾。现有的研究逐渐从定性向定量转变,从总结国外已有经验向发掘本土运用转变,但对于土地发展权的具体运用,学者们还是持有不同的态度,尤其是我国特有的城乡二元土地结构,使得土地发展权的设立在城乡之间具有差异,对于农地发展权的归属的争论也较多。有学者建议将土地发展权引入中国,以项目的方式循序推进,不能在现有的土地权利体系中增加、创设出一个独立的土地发展权,由当事人普遍、自由地运用③,笔者则认为新实施的《物权法》中增加的地役权一项,已然将土地发展权包纳其中,无须再另行制定土地发展权制度。且

---

① 参见汪晗等:《可转移发展权对于土地开发量影响研究——以武汉市洪山区为例》,《城市经济》2011 年第 10 期。

② Patricia L, Michael, "A Framework for Evaluating Transferable Development Rights Programmes", *Journal of Environmental Planning and Management*, Vol.45, No.6, November 2002. pp. 773-745.

③ 参见靳相木等:《国外土地发展权转让理论研究进展》,《经济地理》2010 年第 30 卷第 10 期。

自 2003 年年初至 2008 年年末,我国建设用地面积增加 2.92 万 hm²,相应的农地面积减少 2.64 万 hm²。这一增减速度目前仍在加速。为此国家也采用了一系列的措施,但始终未见明显成效。究其原因是由于农地转用的巨大增值被开发商和地方政府共同攫取,这一利益驱动使得农地的流失愈发严重。转用过程中产生的增值除了国家的基础设施建设导致的增值及土地的区位价值外,还包括为人们忽略的土地发展权的价值。因而亟须彰显土地发展权价值的存在,明确其在不同利益集体间分配,制定合理的土地发展权项目运行机制。此外,土地发展权对抑制城市蔓延、调控市地置换、保护长江黄河等大江大河上游防护林、陡坡地及保护水源等也能形成有力的辅助。因此笔者建议:

第一,制定真正意义上的土地发展权空间转移项目,将平面上的农地、生态用地、水源地的开发面积转移到有开发潜力的建设用地上,进行更高密度的开发,避免开发的蔓延;

第二,土地发展权项目具体实施前进行可行性的分析。包括:需求区与供给区的选取、需求区与供给区开发量转移预测、需求区与供给区土地发展权价值总量估算、项目资金来源、现有的土地利用规划与项目的契合程度等;

第三,设置合理的土地发展权项目指标,包括需求区基准规划密度和密度附加、供给区的基准规划密度和转移比率,根据需求区的需求还可以设定密度奖励;

第四,建立土地发展权项目需要的相应交易场所,交易监督机构,设置土地发展权银行,以及制定相应的税收政策的调节等。

我国土地发展权的研究才刚刚展开,很多研究领域涉足者较少,例如影响土地发展权需求与供给的因素,土地发展权的实施对于土地价值的影响,土地发展权的实施对于土地利用和开发密度的影响等,都值得进一步的探索分析,成为接下来的研究方向。

第二章   土地发展权定价的理论基础

　　本书的研究目的是建立土地发展权定价及转移体系,这首先需要我们对于土地发展权的概念和土地发展权定价的相关理论有着清晰的认识。清楚地认识什么是土地发展权,土地发展权包含哪些种类,土地发展权的量化方法有哪些,与之相关的理论又有哪些。理清这些知识点,有利于下文对土地发展权定价与转移问题的具体研究。

第一节   土地发展权

　　我国土地发展权较有代表性的定义包括:土地发展权是土地变更为不同使用性质的权利,是可与土地所有权分割单独处分的财产权①。土地发展权就是为土地使用管制和多元化立体开发利用的需要而设立,改变土地现状用途与利用强度等利用方式的权利,是一项可以独立支配的财产权②。胡兰玲认为:"所谓土地发展权,是对土地在利用上进行再发展的权利,即在空间上向纵深方向发展、在使用时变更土地用途之权利,包括空间建筑权和土地开发权。如将临近城市的农地变更为商业用地或对土地原有使用集约程度的提高等。"③黄祖辉、汪晖认为:"土地发展权是因限制土地发展而

---

　　①　参见李世平:《土地发展权浅说》,《国土资源科技管理》2002 年第 2 期。

　　②　参见孙弘:《中国土地发展权研究:土地开发与资源保护的新视角》,人民大学出版社 2004 年版,第 13—15 页。

　　③　胡兰玲:《土地发展权论》,《河北法学》2002 年第 2 期。

形成的,若无限制,则无土地发展权一说。对于土地发展权的限制一般有两种类型:第一种是城市规划中的分区控制,这是常见的限制;第二种类型不属于分区控制,比如为了保护耕地限制农地转化为商业用地,为保护生态将某一范围内的土地统统划入保护区限制开发。"①柴强认为:"所谓土地发展权,就是土地变更为不同性质使用之权,如由农地变更为城市建设用地,或对土地原有的使用的集约度升高。创设土地发展权后,其他一切土地的财产权或所有权是以目前正常使用的价值为限,也即土地发展权的范围,是以现在已经依法取得的既得权利为限。至于以后变更土地使用类别的决定权则属于发展权。"②

总结以上学者对于土地发展权的定义,将本书中的土地发展权定义为土地用益物权人改变土地利用方式的权利,其中改变土地利用方式包括:改变土地用途、改变土地容积率和选择土地开发时间等方面。

一、农地发展权

农地发展权(Farmland Development Right,FDR)指农地转换为其他用途的权利。农地转换为其他用途,包括转为建设用途、闲置、转为其他种植种类等③。农地所有权属于农村集体经济组织所有,因此农地的初始发展权亦属于农村集体经济组织所有④,随着农地承包合同的建立,由于长期的合同关系同样表现为物权属性,因此农地的用益物权人随承包合同转为农户,农地发展权由于自身的物权属性,依附于用益物权人所有。其初始所有

---

① 黄祖辉、汪晖:《非公共利益性质的征地行为与土地发展权补偿》,《经济研究》2002年第5期。

② 柴强:《各国(地区)制度与政策》,北京经济学院出版社1993年版,第30—35页。

③ 参见范辉、董捷:《试论农地发展权》,《农业经济》2005年第6期。范辉:《农地发展权价格研究》,硕士学位论文,华中农业大学,2006年,第58—59页。任小宁:《农地发展权价格评估研究》,博士学位论文,长安大学,2008年,第89—95页。汤芳:《农地发展权定价研究》,硕士学位论文,华中农业大学,2005年,第1—3页。

④ 刘明明、卢群群:《论土地征用中农地发展权的保护》,《山东农业大学学报》(社会科学版)2006年第8期。

者为用益物权人即土地利用者所有,而在发生农地发展权转移或购买后,则属于购买者所有。具体如图2-1所示。

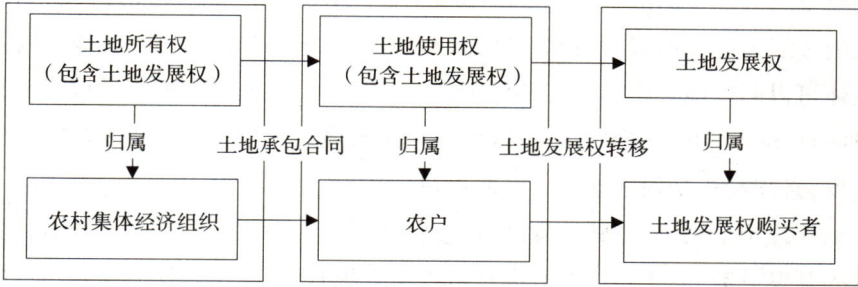

图2-1 农地发展权权属变化

Fig.2-1 Ownership change of farmland development right

二、市地发展权

市地发展权(Urban Land Development Right,ULDR)指市地转换为其他用途的权利。其中,市地转换为其他用途,包括转换开发用途、提高建筑密度、闲置、转为农业种植等。我国市地所有权属于国家所有,市地发展权则同样依附于用益物权人所有。市地发展权在储备过程中属于国家所有,一旦出让则属于土地使用权人所有,并随市地的转让而发生权利转移。在发生市地发展权转移或购买后,则属于购买者所有。具体如图2-2所示。

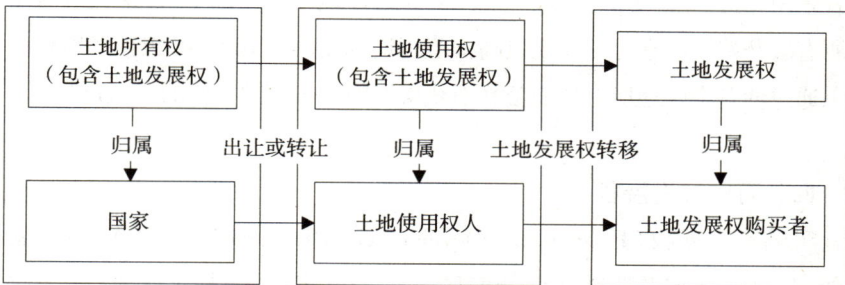

图2-2 市地发展权权属变化图

Fig.2-2 Ownership change of urban land development right

三、可转移发展权

可转移发展权(Transferable Development Rights,TDRs)作为一项土地利用政策工具,一般用于解决暴利(Windfall)和暴损(Wipeout)的困境,并解决由传统分区所形成的负面经济影响。在可转移发展权体制下,地方规划主体可以明确地界定开发区和保护区。最初的土地所有者拥有单位发展权(Development Right,DR),开发区的土地所有者想要进行超过规划基准线的开发,必须购买受限土地所有者的单位发展权。

从理论上来说,可转移发展权主要遵循以下方式运行:政府决定最大数目的开发总数,颁布相应的开发许可或者发展权单位,土地所有者可以在限制范围内进行开发,土地拥有者之间可以进行发展权的交易,如果土地所有者对于不开发他们的土地有着不同的机会成本,一些人将会停止开发并卖出发展权,另一些则购买发展权以期在自己的土地建成比原本许可的更高密度的建筑,在给所有土地的权利开发总数上的限制的同时,也给予土地所有者开发其自己土地的程度一定的弹性,这可以使得不同相对价值的地块在开发时能分别用于最有效的用途。

可转移发展权的实施同样可以调节由传统分区政策带来的效率损失。Mill 认为,尽管分区理论和各区域的不同分区也许提高了效率,有时亦提高了土地的价值,但这些增值通常由于土地所有者的寻租行为而消失,对于土地所有者来说,分区允许更高密度的开发,会导致该地块地租的上升,这就刺激了土地所有者花费资源在寻求体现最高价值土地利用的区划上,可转移发展权市场可以通过使各个土地所有者能公平地获得发展权来抑制这样的寻租行为①。

四、可购买发展权

可购买发展权(Purchasable Development Right,PDR)与可转移发展权类似,只是发展权并非转移到开发区进行开发实现,而是由国家、当地政府或者农地保护信托组织进行收购,用于农地、史迹、开敞空间、水源地或生态

---

① Mills,David E.1989. "Is Zoning a Negative Sum Game?", *Land Economics* 65(1):1-12.

保护区等地保护。

具体而言,可购买发展权仅由于保护某一特定地类的目标而设置,并不涉及具体的需役地块,由于其抽象性亦无法构成特定的需役物或人。而设立地役权时,供役地与需役地必须同时存在,大陆法系民法上的地役权理论如此认为;在英国法上,同样认定不存在独立的地役权,即不存在没有需役地的地役权。但在美国法上,则认为有这种地役权,即没有需役地的地役权。比如,从美国德克萨斯州至波士顿的管道通过权的所有人可以说是独立地役权的所有人,而与管道两端之间的土地没有从属关系。实际上,这种"地役权"既然与需役地之存在无关,当然会因此失去地役权的特性,如地役权的从属性、不可分性等,因而已不具备地役权的性质。如果在法理上或实务上认为这种权利有必要作为独立的物权而存在的话,与其认为是地役权,不如认定为地上权或空间地上权更为妥当。因此,在可购买发展权的实施中,不必承认没有需役地的可购买发展权,可以通过建立债权的关系以确定当事人之间的权利义务,如需为此建立独立排他的用益物权,法律上或实务上亦可根据供役地地类界定为农地发展权或市地发展权。

第二节 理论基础

一、级差地租理论

农业资本家为取得土地使用权而交给土地所有者的、由农业雇佣工人创造的剩余价值的一部分构成了资本主义地租。其实际是资本主义土地所有者实现土地所有权经济价值的一种方式。马克思说:"这个作为租地农场主的资本家,为了得到在这个特殊生产场所使用自己资本的许可,要在一定期限内(例如每年)按契约规定支付给土地所有者即他所使用土地的所有者的一个货币额和货币资本借入者要支付一定利息完全一样。这个货币额,不管是为耕地、建筑地段、矿山、渔场、森林等等支付,统称为地租。"①

---

① 《马克思恩格斯选集》第2卷,人民出版社1995年版,第539页。

级差地租为地租中的一种，由于土地优劣不同，相同面积的等量投资带来不同的超额利润所形成。根据形成条件的不同，级差地租分为级差地租Ⅰ和级差地租Ⅱ。级差地租Ⅰ由对不同块土地，由于在较肥沃或较好区位的土地上投资形成的超额利润转化而来；级差地租Ⅱ由于同一块土地上连续追加投资，形成不同劳动生产率所生产的超额利润转化而来。绝对地租则产生于资本不能自由进入的土地①。"在这里，土地所有权就是障碍。因此，不纳税，也就是说，不交地租，就不能对从来没有耕种或出租的土地投入任何新的资本。"②

马克思在级差地租理论中，将土地价值分为绝对地租、级差地租Ⅰ和级差地租Ⅱ。其中级差地租Ⅰ可以视为土地的区位、质量等条件差异形成的价值。土地所有者与农场主（即土地使用者）签订租约时，对于土地所产出的超额利润（即级差地租Ⅰ）就应包含在地租中。因此土地的级差地租Ⅰ被土地所有者占有③。但对级差地租Ⅱ而言，在同一块土地上的连续投资，所形成的不同劳动生产率引致的超额利润在不同条件下的归属则有所差异。租地者已给予土地所有者绝对地租之时，土地所有者仍会追求土地不断产生的超额利润，表现出对超额利润的争夺，形成马克思所说的级差地租Ⅱ④。

从以上的描述可以看出，若考虑到农地可以转化为市地，土地的级差地租Ⅰ差异则主要是由于土地区位的不同造成。马克思的级差地租理论是基于土地完全竞争市场的假设而设立的，但一个城市中，除了某些区位条件特别优越因而稀缺且不可替代的土地外，相当一部分数量的土地是处于不完全竞争的市场，其在土地市场中形成的土地价格并不能真实地体现其应有的价值。因此，这些没有在土地交易中实现的级差地租Ⅰ则成为土地发展权价值的一部分。

---

①　参见陈征：《社会主义城市级差地租》，《中国社会科学》1995 年第 1 期。

②　《马克思恩格斯选集》第 2 卷，人民出版社 1995 年版，第 570 页。

③　参见王克忠：《试论城市级差地租Ⅲ》，《上海市经济管理干部学院学报》2005 年第 3 期。

④　参见冯泓：《从辩证逻辑角度理解级差地租Ⅱ》，《南京财经大学学报》2005 年第 3 期。

　　而级差地租Ⅱ的实现则存在一定的风险,土地使用者对同一块土地进行连续投资,达到一定临界点后,这一连续投资不一定会带来正的收益。相对于土地所有者获得级差地租Ⅰ,土地使用者获得的级差地租Ⅱ的收益风险性更大。但土地使用者拥有决定何时开发,如何进行开发(在政策法规限制范围内)的权利,这一选择的权利有助于土地使用者合理的规避风险、最大化收益。这一权利带来的价值也同样构成土地发展权价值的一部分。

二、城市空间结构理论

　　杜能的农业区位理论解释了农业活动的空间分布规律。杜能的农业区位理论指出,地租不仅取决于区位,同时也受土地可获益能力的影响。农业活动的土地可获益能力取决于土地的自然属性(如肥沃程度、气候条件、灌溉条件等)。土地级差地租的存在是由于不同区位土地的通达度不同。杜能的农业区位理论基于市场可达性取决于区位的交通成本的假设。但这一假设无法应用到城市中。这是因为:第一,杜能的农业区位理论是建立在生产者生产理论(微观经济学中的 Production Theory)上,即生产者通过对生产的最优组织达到利润最大化。我国城市中,居住用地占总城市土地总面积很大比例,是城市土地最主要的类别,居住用地无法使用生产理论来解释,导致这一理论对城市规划及城市政策的制定指导意义不大;第二,杜能的农业区位理论中,土地收益决定级差地租的形成。在土地收益高的区位,农业生产的产值高,因此地租也高。城市中土地的自然地理属性对土地开发建设的影响甚微。除去某些极端情况,现有技术条件下城市土地开发利用的成本差异不大,对城市的居民土地收益影响也不大①。

　　为了更好地进行城市发展规划,提高土地利用效率,需要能够解释城市空间分布规律的理论,了解城市土地地租或土地价格与城市发展、土地利用等要素的关系,丁成日建立城市经济理论模型,证明:第一,房屋价格、土地

----

①　冯邦彦、叶光毓:《从区位理论演变看区域经济理论的逻辑体系构建》,《经济问题探索》2004 年第 4 期。洪开荣:《战略性区位理论及其发展》,《地域研究与开发》2002 年第 21 期。金相郁:《20 世纪区位理论的五个发展阶段及其评述》,《经济地理》2006 年第 24 期。

价格、资本密度(容积率)与人口密度在空间上都呈递减趋势;第二,房屋价格随居民收入的增加而上涨,随交通成本的降低而上涨;第三,地价决定容积率,而非容积率决定地价,地价的上涨将带动容积率的提高。这源于土地与资本的可替代性和经济人追求利益最大化的驱动;第四,地价与容积率呈非线性关系;第五,当地价上升时,地价与房价的比率也跟着上升。因为地价与容积率成正比,地价与房价间的比率与容积率也成正比。[①]

根据城市空间结构,丁成日建立了动态的城市土地价值模型,具体如图2-3所示:

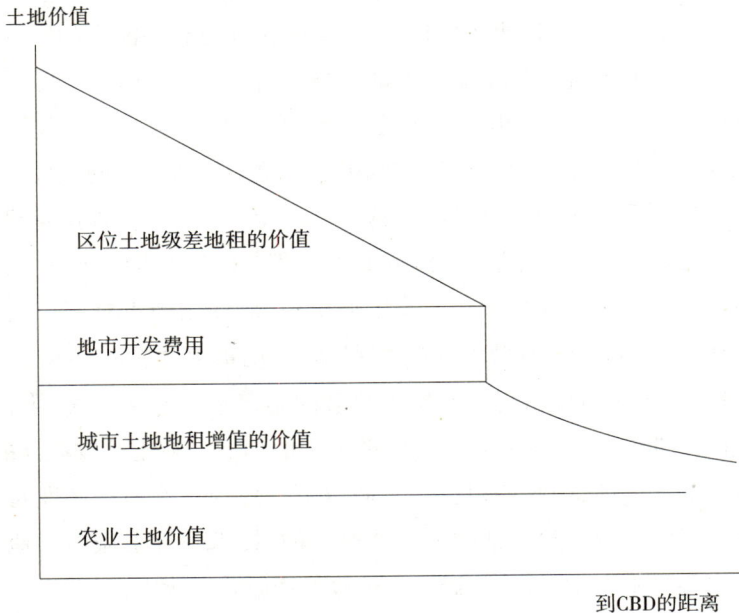

图 2-3　城市土地价值模型

Fig 2-3　Urban land value model

图表来源:丁成日:《土地政策改革时期的城市空间发展》,《城市发展研究》2006 年第 2 期。

这一模型的建立依托于城市地租理论,区别于早期的城市经济静态模

———————————

①　丁成日:《土地政策改革时期的城市空间发展》,《城市发展研究》2006 年第 2 期。

型。土地发展权价值作为土地价值中的一部分,同样满足这一模型,因此土地发展权的绝对价值一方面随着到中心商业区(Center Business District,CBD)的距离的增加而降低;另一方面由于地价对于容积率有正向的影响,因此可以得出:在地价越高的区位,其容积率也越高,开发利用也较充分。而开发利用较高的土地现状价值较高,则用途转换后的升值空间较小,造成土地发展权的相对价值减少。

三、选择权价值理论

土地的选择价值属于土地的非使用价值,除此之外土地的非使用价值还包括存在价值与遗产价值。选择价值概念的最早由 Weisbrod 提出,他认为不确定自己未来是否会造访某处的个人会愿意支付超过其总期望消费者剩余的价值,以确保自己在未来能够进入该处,从而产生选择价值。如果纳入选择价值的因素,是否保留一处资源或景观就应重新考虑。王湃[1]认为选择价值可以定义为:人类为了保证资源在未来可为自己或后代所利用而愿意额外付出的费用。选择价值是人们在开发利用环境资源时,当决策行为具有不确定性、不可逆性及决策时间可延迟性的特征,等待将来未知信息确定的情况下,推迟决策的信息价值[2]。

选择权与土地发展权之间的关联尚未有明确的研究,就土地发展权的定义而言,包含选择权在内,但不仅局限于选择权。同样一块土地,选择权的价值则包含在土地发展权价值之内。在某些情况下,例如城市中心区域的土地,其土地价值由于完全竞争得以形成合理的价值,就不存在开发受限的价值,此时该地块的土地发展权价值则等于该地块的选择权价值。而在地块存在开发受限价值时,土地发展权价值大于该地块的选择权价值。

---

① 参见王湃:《农地城市流转的选择价值:理论、方法及其运用》,博士学位论文,华中农业大学,2010 年,第 7—8 页。
② 参见崔新蕾、张安录:《农地城市流转的选择价值研究》,《中国土地科学》2008 年第 22 期。崔新蕾、张安录:《不同区域农地城市流转中选择价值测算》,《中国人口·资源与环境》2011 年第 21 期。崔新蕾、张安录:《选择价值在农地城市流转决策中的应用——以武汉市为例》,《资源科学》2011 年第 33 期。

根据第二章第二节第二部分的动态城市土地价值模型,我们可以推论,在距离 CBD 一定距离时,城市土地地租增值的价值渐趋于零,此时土地的最佳用途将是农用(建立在发展权用益权人为理性经济人的假设上,其始终选择收益最大化的土地用途)。这一情况下,农地的选择权价值成为选择耕作密度、耕作种类的权利所产生的价值。

四、实物期权理论

测算土地未来收益的方法较多,传统的主流净现值方法(NPV)评估土地项目的弊端也越来越凸显,主要表现在:第一,净现值方法对高风险项目采用高折现率的方法来体现风险的回避,但在现代投资理论中与风险本身具有价值的观点相违背[1]。第二,净现值方法的假设之一是投资项目具有可逆性,即放弃投资项目不存在任何成本。在实际中,土地开发一旦进行其前期投入即转化为沉没资本。放弃项目时,该沉没成本是不可收回的。净现值方法的另一假设是投资者针对一项投资的是否进行需做即时的决策,而事实上投资者是具有延期决策的权利的。第三,净现值方法假设未来土地开发的状态是确定或可测的,即投资者可以预测土地未来的收益,而事实上土地开发本身具有不确定性[2]。因此,对于有着高风险、高不确定性的土地开发行为,考虑引入新的方法对其未来开发收益进行评估,因此实物期权理论进入学者的讨论范畴[3]。

实物期权(Real Options)的概念最初由学者 Myers[4] 提出,他指出一个

---

[1] 参见迪克西特、平迪克著:《不确定条件下的投资》,朱勇等译,中国人民大学出版社 2002 年版。

[2] 参见沈玉志、黄训江:《基于实物期权理论的投资项目评估方法研究》,《数量经济技术经济研究》2001 年第 11 期。

[3] 参见赵秀云、李敏强、寇纪凇:《风险项目投资决策与实物期权估价方法》,《系统工程学报》2000 年第 3 期。贾东芳:《离散模型下的美式期权定价》,硕士学位论文,河南理工大学,2010 年,第 33—35 页。

[4] 参见 Mayers Steward C,"Determinants of Corporate Borrowing",*Journal of Financial Economics*,May 1977。

投资方案所产生的现金流量能够创造的利润,来自该方案中目前所拥有资产的使用,加上对未来投资机会的选择①。实物期权区别与以往的净现值方法之处在于,更强调未来的不确定性,这与土地的未来开发收益的特点相吻合,因此实物期权近期被广泛地运用到土地开发的评估中②。根据实物期权的土地转化开发决策模型③,某一地块的土地所有者可以通过选择开发时间来实现土地价值的最大化。

就中心城区的土地价值而言,土地价值高且波动程度强。土地开发是一项不可逆投资,一旦在某一地块上建造具有一定开发密度建筑物,要将该土地或连同其上面的建筑物转换为其他用途就很困难,因此保持土地处于未开发状态将使土地所有者在未来不确定状况下能够拥有更多的选择。因此对于土地发展权所有者而言,若视其所有的土地发展权为一项期权,则持有土地发展权而不进行开发或转让则为不兑现期权,享受决定开发时间和种类的权利;一旦做出开发或转让土地发展权的决策,则视为行使期权,获得期权价值。土地发展权所有者可以通过选择这一转换时间来最大化自身的利益,即最大化土地发展权价值。

通过本章中对于土地发展权的相关概念和土地发展权定价的相关理论介绍,可以得出不同类型土地发展权之间的差异,其中包括按地类划分的土地发展权和按运行方式不同划分的土地发展权。通过分析土地发展权价值与级差地租、城市土地租金及选择权价值之间的关系,可知土地发展权价值体系与级差地租、城市土地租金及选择权价值之间有着相似与价值重叠之处,得出土地发展权价值体系的雏形。在此基础上,本书在下一章中具体地分析土地发展权的理论价值模型和定价方法。

---

① 参见贺文媛:《实物期权在价值评估中的应用研究》,硕士学位论文,对外经济贸易大学,2006年,第15—17页。

② 参见张金明、刘洪玉:《实物期权与土地开发决策模型》,《土木工程学报》2004年第37期。

③ 参见刘涛、刘丽霞:《基于实物期权的土地转化开发决策研究》,《数学的实践与认识》2009年第39期。

第三章　土地发展权定价模型与方法

　　在对土地发展权进行价值评估前,首先需要认识到不同区域的土地价值的区别。根据马克思的地租理论可以得知,土地价值是地租的资本化。由于我国特有的城乡土地二元结构以及城乡统一土地市场的缺乏,我国的土地价值体现为一定年期的土地使用权价值,且城乡土地价格差异显著。其中,中心城区由于土地区位的稀缺性及竞争性,土地价格基本在土地价值周边随市场波动;一般城区土地交易量较小,处于"薄市场"(thin market),加之受到土地"招拍挂"制度的影响,无法完全地反映真实的土地价值;由于农地在土地流转中受限,现行与之相关的征地价格业已受到诸多学者的诟病,争论的要点主要集中于征地价格偏低,保障方式单一等。统一年产值法对于征地补偿价值的估算无法完整地体现农地价值[1]。尤其我国土地权利体系中,集体土地发展权的缺位,使得征地价值中无法体现其农地发展权价值[2]。

　　根据土地发展权定义,可以得知土地发展权即为土地转化为其他用途的权利。这一定义可以分为两个部分进行理解,首先是土地可以选择转化为其他用途,其次是土地可以选择在何时转化为其他用途。相应地,土地发展权价值也应分为两个部分:一部分是土地转化为其他用途的净收益,一部

---

　　① 参见李延荣:《从征地改革看征用补偿制度的完善》,《法学杂志》2004 年第 25 期。

　　② 参见鞠海龙、贺雪梅、张心盼:《土地发展权缺失带给农民经济损失的度量及补偿途径分析》,《当代经济》2007 年第 4 期。李春梅、林伯海:《"地价入股":新农村建设中征地补偿新模式》,《中国行政管理》2007 年第 3 期。

分是土地选择合适的时机转换为其他用途的选择权价值。

传统对于土地发展权价值的评估中，都未曾将土地选择开发时机的选择权价值纳入考虑。这一方面是忽视了选择权价值对于土地价值的影响，另一方面则由于以往对于土地发展权价值的研究主要局限于农地发展权价值，受到基础设施或规划条件的限制，农地开发的选择权价值相对于市地来说一般较小，往往被忽略不计（某些区位条件和市地等同的农地也有例外）。

第一节 土地发展权基本定价模型

一、土地发展权定价模型研究分析

在土地发展权定价中，在区分各种不同类型、不同区位、不同使用强度的具体地块的定价方法前，首先需要对基本的土地发展权定价模型进行分析，即土地发展权在具体的土地价值中的比例与位置。作为土地发展权实施最为广泛的国家，美国对于土地发展权定价的研究也较多。因此对其土地发展权定价的基本模型进行分析，并加以改进。

美国的可购买发展权项目中，农地发展权价值的估算模型如下所示：

模型 I：

土地发展权价值=土地评估的市场价值-受限制的农场（或开敞空间）的评估价值

$$\left[\begin{array}{l} 土地的评估市场价值-受限制的农场（或开敞空间）的评估价值 \\ -土地所有者农场基准价 \end{array} \right]$$

×（联邦税率+州税率）

其中：

土地所有者农场基准价=土地和建筑物成本+改良物成本-折扣

模型 II：

土地发展权价值=土地市场评估价值-捐助-税收

－受限制的农场（或开敞空间）的评估价值

其中：

捐助＝土地市场评估价值－土地"讨价还价"现金价格－

　　　受限制的农场（或开敞空间）的评估价值

税收＝（土地所有者农场垄断价－基准价可减少量－捐助）×

　　　（联邦税率＋州税率）

美国的土地发展权基本定价模型主要针对农地或开敞空间进行，这是由于美国的土地发展权项目实施多出于保护农地或开敞空间的目的。对比我国的土地发展权价值，首先美国的土地为私有制，可自由在市场中进行交易，其次需要补充市地的土地发展权价值估算模型。

二、土地发展权基本定价模型确立

根据第二章第二节中对于土地发展权与其他土地价值体系的对比分析，我们在构建土地价值中的土地发展权价值体系的同时，也将土地发展权价值体系与其他土地价值体系进行类比，具体如图 3-1 所示。

根据图 3-1，我们可以构建土地发展权的基本定价模型，即：

土地发展权价值＝选择权价值＋用途转换价值

或：土地发展权价值＝土地价值－现状利用价值－开发成本

根据以上对于土地发展权价值的对比分析及土地价值体系的构建，我们可以得到土地发展权价值由选择权价值和用途转换价值构成，接下来分析选择权价值与用途转换价值随着区位不同的变化情况。

在具体分析前，为了研究的顺利进行，我们作出以下假设：

1. 土地发展权的持有者是理性人，其目标是追求经济利益的最大化。

2. 随着 CBD 的远离，市场的竞争度降低，最靠近 CBD 的区位具有完全竞争市场。

3. 土地仅存在开发和农用两种用途，且开发是不可逆行为。

在此前提下，可以推知：

用途转换价值的存在前提是土地可以有更佳用途及更高使用价值，若土地已经达到其最高使用价值，土地的用途转换价值即为零。对于某些城市中心位置的地块，由于区位的优越性及稀缺性，激烈竞争的土地市场使得

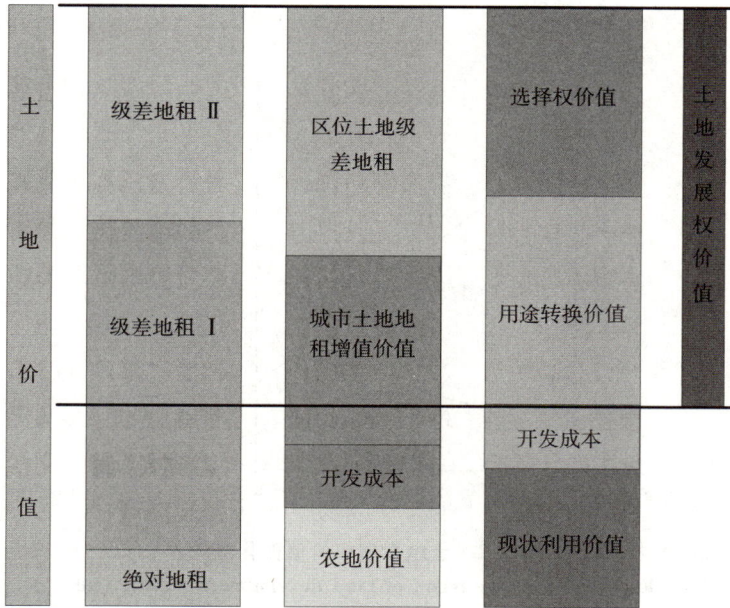

图 3-1 土地价值体系构建
Fig 3-1 Land value system

其必然处于充分利用状态。此区位的地块则仅具有选择权价值而不具有用途转换价值。随着地块距离 CBD 的距离增加,土地市场的竞争逐渐趋于不完全,此时土地同时具有用途转换价值和选择权价值。当地块距离 CBD 达到一定距离时,土地受到 CBD 的辐射效应减少为零,土地开发利用的价值小于土地农用的价值,理性的用益物权人会选择将土地保持农用,土地的用途转换价值取决于农地改变耕作方式或耕作密度等的收益,选择权价值也成为农地改变耕作方式或耕作密度权利的价值。具体的土地选择权价值与用途转换价值的变化示意如图 3-2 所示。

根据图 3-2 的变化趋势,可以看出中心城区市地、一般城区市地及农地区域的土地发展权价值变动呈现不同的规律,也必然存在不同的影响因素。为了验证这一理论分析,我们选取武汉市为例,通过对于设置土地发展权的支付意愿,来对设置土地发展权的土地价值与现行土地价值进行对比。

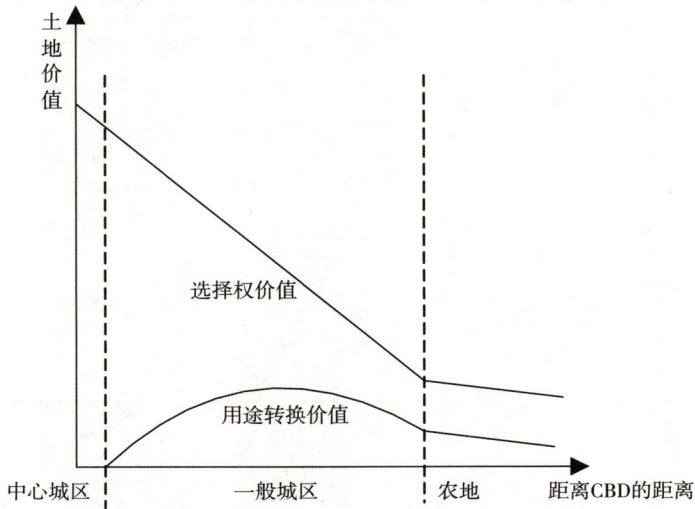

图 3-2　土地发展权价值变化趋势
Fig 3-2　Change trend of land development right value

第二节　土地发展权价值评估的问卷调查

　　为了对比中心城区市地、一般城区市地及农地区域设置土地发展权的土地价值与现行土地价值的差异,考虑到土地发展权具体研究区域的划分,我们选取武汉市 7 个主城区中的汉阳区、江汉区、洪山区、青山区、武昌区 5 个主城区的市地,武汉市 6 个远城区中的东西湖区、江夏区、黄陂区及汉南区 4 个远城区的农地,利用 CVM 法(Contingent Valuation Method)进行土地价值及土地发展权价值的支付意愿调查。由于市地与农地调查区域、受访者、访问内容有较大的差异,我们分别设计了针对市地的发展权价值评估调查问卷,受访对象为中心城区的市民;以及针对农地的发展权价值评估调查问卷,受访对象为远城区农村居民。

一、问卷设计

非市场价值评估技术具有代表性的有：条件价值评估法（Contingent Value Method，CVM）、旅游成本法（Travel Cost Method，TCM）和特征价值法（Hedonic Price Method，HPM）。但 HPM、TCM 属事后评估方法，难以评价土地发展权中包含的用途转换价值和选择权价值。且 CVM 也是当前应用最广泛、最成熟的方法[1]。Criacy-Wantrup[2] 最早提出 CVM 的基本思想，通过调查了解受访者对公共物品的支付意愿，在此基础上测度自然资源的价值。1963 年 David 首次将 CVM 应用到实践，评估缅因州林地宿营、狩猎的娱乐价值。随后 Randall、Ives 和 Eastmand 进一步阐释 CVM 的理论优点和特性，从此该方法逐渐地被广泛应用于自然资源的休憩娱乐、狩猎和美学效益的经济价值评估，成为 20 世纪后半叶资源环境经济学领域的主要理论改进之一。

CVM 的发展历程，可谓是从开放式走向封闭式，从单边界走向多边界。CVM 最初采用的是开放式问卷，直接询问受访者"您最多愿意支付 X 元"，受访者的回答就是其 WTP，无须过多统计分析，采用的方法主要是支付卡法（让受访者从一张支付卡中选出最接近他们 WTP 的金额，或者是给受访者一些金额范围，让他们选出最接近其 WTP 的金额范围）。随后的封闭式询价法最早由 Bishop & Heberlein 在 1979 年提出，询问受访者"如果这个物品需要花费 X 元，您愿意支付吗"，需要通过 Logit 或 Probit 统计模型把这种二分式变量和受访者选择的金额联系起来，才能求出其 WTP，由于受访者对"是"或"否"的回答比直接说出其最大支付意愿更能模拟市场定价行为，因此这种方法逐渐被采用。

开放式询价法与封闭式询价法各有利弊。开放式询价法的受访者可能会因为缺乏评价标准而拒绝回答或出现抗议性样本过多。封闭式询价需要

① 参见蔡银莺、李晓云、张安录：《湖北省农地资源价值研究》，《自然资源学报》2007 年第 22 期。
② 参见 Ciriacy-Wantivp, S.："Capital Returns from Soil-Conservation Practices"，*Journal of Farm Economics*，Vol 29,1947。

使用复杂的统计模型,实证模型本身亦不具有理性行为的理论根据。综合考虑到调查结果的精度与问卷调查所需要的时间。本书选择开放式的支付卡询价法来进行 CVM 的测度。一方面由于土地发展权本身就具有市场价值,易于描述,且与受访者的自身利益密切相关,受访者的出价意愿较为强烈,这一点在预调查中也得到验证;另一方面土地价值本身与土地发展权价值密切相关,现有的土地价值即可作为土地发展权价值的参考评价标准,从而并不会出现出价过于离谱的情况。

(一)市地发展权价值评估问卷设计

市地发展权价值评估问卷分为两个部分(详见附录Ⅰ、Ⅱ、Ⅲ),考虑到受访人的戒备心理,我们将个人信息放在第二部分,待与受访者建立一定信任程度后再进行询问。

第一部分首先调查市民对于市地发展权价值是否存在的认知,由于市地发展权的概念具有一定的抽象性,直接询及对于市地发展权的认知会让人有困惑感,且第 1 题就引入太过专业的概念会使得受访者产生畏惧心理。因此第 1 题用规划对城市用地价值是否有影响进行替代,规划限制对于城市用地价值的影响即反映出市地发展权价值的变动,由此进一步引出市民对于市地价值及市地发展权价值的态度。第 2 题调查受访者对于现行基准地价的态度。基准地价作为国有土地使用权的平均价格,是土地使用权出让、转让、出租、抵押等宗地价格的基础。对于基准地价的调查一方面可以了解受访者对于现行地价的合理程度的认知,且让受访者感受到用途限制对于土地价值的影响;另一方面则给予受访者一定的价值参考,使得受访者在随后的市地发展权价值支付意愿的调查中,不至于完全缺乏评判标准。第 3、4、5 题则分别调查受访者对于土地的用途限制、容积率限制及开发时间限制对于土地价值的影响程度评判,并进一步引出土地发展权的概念,即具有完全土地发展权的土地是用途、容积率及开发时间都不受限制的。由此引出第 6 题,对于具有完全土地发展权的土地价值的支付意愿,即假设受访者现在所处位置周边现有一块没有用途限制,没有容积率限制(在基础设施承受范围内),没有开发时间限制的空地,他可以选择将其空置,将其作为休闲农地,将其进行商业、住宅等用途的开发等用途,调查他愿意为这一空地支付每平方米多少元的价格。由于市地本身存在交易市场,我们并不需要构建一个假想的交易市场,只需假设土地的特性即可。第7、8、9题为问卷的有效性检验。其中第7、8题是通过调查人员的观察及受访者的问答,了解受访者的回答意愿是否真实,调查过程是否受到旁人干扰,进一步分析和检验问卷的有效程度。第9题则调查问卷中提供的现行基准地价是否对受访者的支付意愿造成影响,以分析设置参考标准对于支付意愿的准确给出的作用。

问卷的第二部分是受访者的个人特征数据及家庭收入情况调查。通过搜集受访者个人的基本资料,分析受访者及其家庭的社会经济特征对其对于市地发展权的支付意愿的影响。

(二)农地发展权价值评估问卷设计

农地发展权价值评估问卷分为五个部分,其中同样将个人信息置于最后,且从容易回答的认知性问题入手,方便受访者迅速进入问卷情境。

第一部分分析居民对农地发展权的认知程度,首先调查受访者对于农地的所有权权属的认识,在此基础上,询问受访者认为自己是否有权利改变农地的用途(包括改变种植方式、改为建设用地等),这一询问即对于受访者是否具有农地发展权意识的询问。对于是否希望将农地转为其他用途的询问则调查受访者对于行使农地发展权的意向。

第二部分分析农户对农地发展权保护的受偿意愿,如果政府现在给其自主处置农地的权利,允许他将农地转化为各种用途,但要求支付一定的费用,询问受访者是否愿意支付;如果愿意,支付的金额是多少。其中支付的选项是通过预调查的开放性答案集中区间而进一步细分的。

第三部分为农民投入成本和产出效益的调查,对比其投入及收益,最后得出一年每亩地的净收益。

第四部分为支付意愿检验。

第五部分为个人信息,与市地发展权价值评估问卷基本相同,在此不再赘述。

二、研究区域概况

本研究以武汉市为主要研究区域。武汉，简称"汉"，现为湖北省省会，是中部唯一的副省级城市，华中地区最大都市及中心城市，中国长江中下游特大城市。世界第三大河长江及其最长支流汉江横贯市区，将武汉一分为三，形成了武昌、汉口、汉阳三镇隔江鼎立的格局。武汉是长江中下游地区重要的产业城市和经济中心，中国重要的文化教育中心之一，也是中国重要的交通枢纽。全市总面积8494 km²，为湖北省总面积的4.6%。

武汉市2010年常住人口978万人，其中7个中心城区人口共达570万。属行政区划的辖区13个（7个中心市区6个远城区），另有非行政区划的经济开发区3个。121个街、8个乡、14个镇、5个办事处、2个管委会。武汉城市圈是全国资源节约型和环境友好型社会建设综合配套改革试验区，属于城市经济圈、城市旅游圈和城市农业圈。范围包括以武汉为中心的100公里半径内的黄石市（武汉城市圈副中心城市）、咸宁市、鄂州市、潜江市、孝感市、黄冈市、仙桃市、天门市8个城市在内的地区（1个特大城市，8个大中城市）。

武汉市现有13个辖区，其中江岸区（07）、江汉区（08）、硚口区（09）、汉阳区（10）、武昌区（11）、洪山区（06）、青山区（12）为城区（7个，皆位于三环线内），东西湖区（02）、蔡甸区（03）、江夏区（05）、黄陂区（01）、新洲区（13）、汉南区（04）为郊区（6个，皆位于三环线外）。而武昌区、汉阳区及汉口的江岸区、江汉区、硚口区为武汉传统老城区。另设有市国家级开发区3个（非行政区划）：武汉经济技术开发区（俗称沌口开发区）、东湖新技术开发区、武汉吴家山经济技术开发区。7个城市辖区面积863 km²，外环以内面积1171.70 km²，武汉三环线（中环线）内的城区面积684 km²。截至2011年年底建成区面积为586 km²。13个辖区中黄陂区面积最大为2261km²，江汉区面积最小为33 km²，中心市区中洪山区面积最大达502 km²。

根据第三章第一节第二部分所构建的土地发展权价值模型及图3-2所示的土地发展权价值变化趋势，我们将调查区域也分为中心城区市地、一般城区市地与农地。根据武汉市2011年基准地价更新成果来看，以商业用地为例,二环线内商业用地基准地价都在Ⅳ级以上,且Ⅰ、Ⅱ、Ⅲ级商业用地都在二环以内,三环线内为城区范围,地价从Ⅴ级到Ⅸ级不等。

根据这一地价的明显分异,我们将调查区域分为中心城区——二环线以内,一般城区——二环以外,三环以内,农地区域——武汉市三环之外的区域。

中心城区为二环线所包围,二环线全长 52 公里,路线为:发展大道—发展大道延长线—二七长江大桥—水东路—东湖路—珞狮路—八坦路—鹦鹉洲长江大桥—江城大道—十升路—江汉二桥—汉西路—发展大道。具体范围如图 3-3 中绿线所圈所示,主要包括江汉区、江岸区、武昌区、汉阳区中心、硚口区中心。

图 3-3　中心城区范围示意图
Fig 3-3　The map of central city

图表来源:百度地图。

一般城区为二环之外，三环之内的区域。武汉三环线，又称武汉中环线，全长88公里，由武汉白沙洲长江大桥和武汉天兴洲长江大桥合围而成，双向六车道，全封闭，属于市内高速。在这条长88公里的主线上，散布着天兴洲大桥、江汉五桥、白沙洲大桥和其他连通道路。2009年逐步打通后，三环线将作为三镇货运主通道和入城的环路，减少中心区直穿车流。三环线环绕整个武汉中心城区，设计车速80公里/小时，主要联系各大工业组团及中小型经济开发区、新发展区，同时作为三镇货运主通道和入城环路，减少中心区直穿车流。全线有跨长江、汉江等三座大桥，立交27座。串起沌口、东湖两大经济开发区，后湖、四新、南湖、光谷四大居住新区，还有青山工业重镇，衔接武汉所有进、出口道路。一般城区具体范围如图3-4中绿线之外，红线之内范围所示。主要包括汉阳区大部分区域、硚口区大部分区域、青山区及洪山区。

武汉市范围内，三环范围外即为农地区域范围，皆为武汉市远城区范围。具体包括：东西湖区、江夏区、汉南区、黄陂区、蔡甸区及新洲区。

三、问卷预调查

支付价值卡的询价方式会产生起始点偏差。对起始点偏差的处理多通过预调查，预先大体确定支付卡的数值间隔和范围，以减小偏差。因此正式开展调查研究前，调查组分别对于市地和农地区域问卷进行了预调查，以期获得大致的支付意愿分布区间，提高问卷效度。其中市地发展权价值评估问卷于2011年11月分别选取中心城区的江汉区与一般城区的洪山区作为预调查区域，调查中心城区与一般城区的居民对于市地发展权价值的支付意愿，并对支付工具、询价方式、语言表述等相关问题进行检验，并依据调查结果改进问卷，重新设置支付卡的价值区间。对于农地发展权价值评估问卷同样于2011年3月选取江夏区作为预调查区域。

其中，中心城区市地、一般城区市地与农地区域发展权预调查区域分别进行了50份问卷的调查，经过整理分析，可以利用的问卷分别有45份、43

图 3-4　一般城区范围示意图
Fig 3-4　The map of general urban land

图表来源:百度地图。

份与 42 份。中心城区受访者的支付意愿为(单位:元/m²):0—2000 元 3 人
(占 6.67%),2000—4000 元 4 人(占 8.89%),4000—6000 元 5 人(占
11.11%),6000—8000 元 5 人(占 11.11%),8000—10000 元 7 人(占
15.56%),10000—15000 元 8 人(占 17.78%),15000—20000 元 8 人(占
17.78%),20000 元以上 5 人(占 11.11%)。一般城区受访者的支付意愿为
(单位:元/m²):0—2000 元 6 人(占 13.95%),2000—4000 元 22 人(占
51.16%),4000—6000 元 14 人(占 32.56%),8000—10000 元 1 人(占
2.33%)。农地发展权的受访者支付意愿为(单位:元/亩/年):0—2000 元
3 人(占 7.14%),2000—4000 元 1 人(占 2.38%),4000—6000 元 3 人(占
7.14%),6000—8000 元 6 人(占 14.29%),8000—10000 元 12 人(占

28.57%),10000—15000 元 10 人(占 23.81%),15000—20000 元 4 人(占 9.52%),20000 元以上 5 人(占 7.14%)。

　　根据预调查所得的土地发展权支付意愿的分布区间,以及苏明达在《愿意支付价值最佳效率指标之建构和验证》一文中支付金额价值区间的设计公式,对初步设置的价值区间进行调整重新设置了支付卡的价值区间,并考虑人们对于对价格的接受习惯(如比较容易接受整数报价),最终形成市地及农地发展权的价值区间。考虑到农地发展权与市地发展权单位的差异,进一步细分了农地发展权的价值区间。测试结果表明,改进后的问卷较第一次预调查相比较,得到了较好的反馈,抗议性样本数量明显减少,受访者对调查人员的表述也能够更加容易、准确地理解,受访者提供的支付意愿也较为真实。同时,调查过程也发现部分受访居民担心调查与政府政策制定相关,存在支付意愿偏离实际支付能力的情况。为避免策略性偏差,在问卷尾部增加问卷的有效性检验,对受访者的实际支付意愿、调查过程的干扰程度做进一步的检验,在数据分析时可对此类型的样本进行进一步处理。

四、偏差处理

　　CVM 是一种简单、灵活的非市场价值评估技术,这种方法基于假设条件的问题安排,由于其调查结果直接取决于受访者偏好,使其招致颇多争议和批评。主要包括调查结果的可靠和有效性、各类偏差和偏差的处理效果两个方面。因此,本书在问卷设计和调查过程中,尽可能地规避和降低偏差,提高调查问卷的质量,增强调查结果的可靠和有效性。

　　1. 嵌入型效果处理。

　　嵌入型效果(embedding effect)通常认为是因调查标的物涵盖范围而产生的问题[1],也有的学者认为嵌入型效果是指评估物被低估的现象。土地

---

[1]　Carson,R T and R C Mitchell,"Sequencing and Nesting in Contingent Valuation Surveys",*Journal of Environmental Economics and Management*.1995,28(2):pp.155-173.

发展权价值作为土地价值的一部分,会受到现有土地价值的影响,也会有被理解错误的可能。为了避免这一偏差,我们不仅避免使用专业的土地发展权概念,将其转换为易于理解的表达方式,且分别在市地发展权价值评估问卷和农地发展权价值评估问卷中设计了检验问题。

市地发展权检验问题为:

您在回答支付意愿时,是否受到前面提供的现行基准地价的影响?

①很大影响　　　②部分受影响　　　③完全不受影响

农地发展权检验问题为:

您在回答支付意愿时,是否受到现行征地价格的影响?

①很大影响　　　②部分受影响　　　③完全不受影响

2. 抗议性偏差处理。

抗议性偏差(protest response bias)是由于被调查者反对假想市场或支付工具所引起的偏差。由于土地本身存在市场,因此对于土地发展权的假想市场价值的支付并未引起太多的抗议支付,本调查中也并未出现零支付的情况,抗议性偏差较小。

3. 假想偏差处理。

为了避免假想偏差(hypothetical bias),使假想市场尽可能被受访居民接受,逼近现实,本书采取土地开发用途、容积率、开发时间不受限的假设,并询问居民的支付意愿。对于市民主要强调土地的投资作用,对于农地则强调不受限的土地用途可用作开发或出让给他人,引发受访者的支付意愿。同时还在问卷内容中增设了有效性检验的相关内容,进一步询问受访者对假想市场的理解及其实际支付能力,如:

您能够明白此次调查的支付意愿是在假设的前提下进行的吗?

①明白　　　②不明白

如果假设转为实际,您会完全按所说的支付意愿支付土地价格吗?

①完全会　　　②不会　　　③支付部分

五、样本容量选取

随机抽样调查具有一定不确定性,在一定范围内增加样本数量可以减小这种不确定性。但是增加实验的次数所获得的信息在满足一定样本数量的前提下呈边际递减趋势,同时会增加研究的成本。因此,理论上在条件价值评估中所需样本有一个最优数量。

依据 Scheaffer 的抽样公式,其抽样样本总数为:

$$n = \frac{N}{(N-1) * g^2 + 1} \tag{式 3-1}$$

式 3-1 中 n 为抽样样本大小,N 为抽样母体(人数),g 为抽样误差,能接受的误差值介于 1%—5%之间(取 4%),方法以随机抽样方式。本书研究选择武汉市作为调查对象,将整个武汉市作为母体,2009 年武汉市总人口为 835.55 万人,其中城市人口为 572.31 万人,农村人口为 263.24 万人。利用随机抽样法抽取样本,误差取 4%,总共至少需要有效样本 625 份。本调查问卷分为三种,城市问卷两种、农村问卷一种,而农村人口占总人口 31.5%,市民人口占总人口的 68.5%,为避免抗拒样本过多现象以及每个区域满足统计计算要求,将中心城区与一般城区的问卷增加到各 300 份,农地区域的问卷增加到 400 份。在实际调查过程中受调查时间、经费、居民点分布情况等调查现实情况的影响,实际调查样本数与适宜样本数会有出入。为减少调查中的偏差,本书采取面对面采访形式,利用开放式问卷进行了预调查,并在预调查的基础上,利用支付卡式问卷对核心估值问题进行了深入调整与研究。

本章首先建立土地发展权价值模型,分析土地发展权价值的构成以及在土地价值体系中的体现。根据土地发展权价值构成的差异及变化将土地发展权定价区域划分为中心城区市地、一般城区市地及农地。在此基础上设计土地发展权价值评估问卷,亦分为中心城区市地、一般城区市地及农地调查问卷,通过预调查避免问卷的嵌入效果、抗议性偏差及假想偏差。最终选取适当的样本容量及调查区域进行大规模的问卷调查。具体的市地问卷及农地问卷的结果分析将在第四章与第五章中予以阐述。

第四章　市地发展权价值估算

根据选定的研究方法和研究区域,本章首先对市地发展权做估算。在问卷调查并得出市地发展权支付意愿的结果上,考虑到市地发展权的运用多为较小面积地块之间的转让,因此对市地发展权的点状价值进行估算,建立相应的价值模型,并进行具体测算。

第一节　市地发展权片状估算

从问卷的调查出发,通过接触实际情况,取得第一手原始资料,可以加深对于问题的感性认识。而对资料进行系统整理和综合分析,则可将问题的分析层次提高到理性认识的高度。本章通过对市地问卷的实地调研,得出市民的基本特征及市民对于土地发展权不同方面的认知情况后,分析市民土地发展权支付意愿的影响因素,验证其对于市地发展权支付意愿的影响假设。并根据中心城区与一般城区的市地发展权支付意愿求取二者的市地发展权价值。

根据第三章中设计问卷,问卷调查组于2011年11月选取中心城区的武昌区、江汉区、硚口区,一般城区的青山区、汉阳区、洪山区作为调查区域,每区发放问卷100份,进行面对面式的问卷调查,共回收问卷551份,问卷回收率为91.83%。

在市地发展权价值评估问卷共回收551份问卷中,中心城区回收285份,占51.72%;一般城区回收266份,占48.28%。表4-1为市地发展权价值评估问卷样本分布情况。

表4-1 市地发展权调查样本点分布情况

Table 4-1 The distribution of survey samples of urban development right value

	抽样区域	市民样本数量（人）
中心城区	武昌区	96
	江汉区	95
	硚口区	95
一般城区	青山区	87
	汉阳区	90
	洪山区	89
总体数据		551

数据来源:调查统计。

一、受访市民的基本特征

表4-2 市民受访者基本特征情况

Table 4-2 The basic characteristics of respondents of citizens

统计指标	分类指标	人　数	比　例（%）
性　别	男	331	60.07
	女	220	39.93
年　龄	≤20 岁	17	3.09
	21—30 岁	290	52.63
	31—40 岁	63	11.43
	41—50 岁	110	19.96
	51—60 岁	52	9.44
	>60 岁	19	3.45

统计指标	分类指标	人　数	比　例(%)
教育程度	未受教育	0	0.00
	小　学	11	2.00
	初　中	32	5.80
	高中、中专	148	26.86
	大　专	151	27.40
	本　科	158	28.68
	硕　士	39	7.08
	博　士	12	2.18
政治面貌	中共党员	178	32.30
	民主党派	3	0.55
	共青团员	124	22.50
	无党派	246	44.65
家庭年收入	1万以下	5	0.91
	1万—2万	20	3.63
	2万—3万	51	9.26
	3万—4万	52	9.44
	4万—5万	40	7.26
	5万—6万	59	10.71
	6万—7万	55	9.98
	7万—8万	79	14.34
	8万—9万	34	6.17
	9万—10万	77	13.97
	10万—20万	54	9.80
	20万—30万	18	3.27
	30万—50万	2	0.36
	50万以上	5	0.90

数据来源:调查统计。

1. 性别。

调查中男性受访者多于女性受访者(如表4-2)。其中,男性受访者占

样本总人数的 60.07%;女性受访者占样本总人数的 39.93%。这是由于本
调查采取在各区中心公园选取受访者进行调查,女性受访者由于要照顾身
边的家人以及戒备较高的缘故,接受访问的人数较少。

2. 年龄。

市民受访者年龄以 21—30 岁最多,占 52.63%,其次为 41—50 岁,占
19.96%,这受公园游玩的人员分布的影响,30—40 岁虽然在公园人数较
多,但大多带有年幼的孩子,无暇接受访问。访问者在进行询问时也会尽量
选取接受访问可能性大的受访者。

3. 教育程度。

市民受访者文化程度分布为,小学 11 人,初中 32 人,高中或中专 148
人,大专 151 人,本科 158 人,硕士 39 人,博士 12 人。受访者文化水平较
高,以高中到本科的学历为主。

4. 政治面貌。

市民受访者的政治面貌以无党派人士最多,占 44.65%,党员及共青团
员各占 32.30%及 22.50%。

5. 家庭收入。

市民受访者家庭年收入差异较大,从 1 万以下到 50 万以上都有所分
布。其中以 2 万—20 万之间为主要分布。

二、受访市民对土地发展权的认知情况

现实社会中,社会群体在不断形成各种态度或某项行为,这是各种知
识、文化、人所处环境等相关问题的心理倾向,这种倾向包括认知
(Cognition)、情感判断(Emotion judgment)和意愿(Affection)等。态度可能
引致某种行为的产生,因此态度一定程度上会决定行为的产生和表现。
行为心理学家的研究结果表明,任何主体的认知与态度可直接作用于行
为主体的动机,进而影响行为主体的行为过程和行为效果①。具体过程如

---

① 参见阿德莱德·布赖:《行为心理学入门》,四川人民出版社 1987 年版。

图 4-1 所示。因此在对土地发展权价值进行分析之前,需对其相关主体的认知、态度和行为动机进行分析。

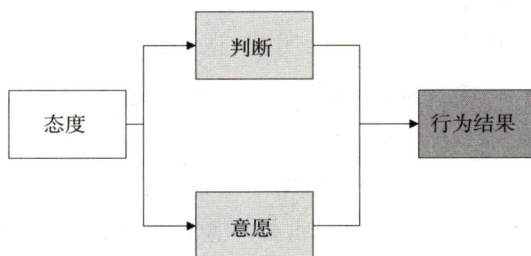

图 4-1　居民认知行为关系
Fig.4-1　The relation of cognitive behavior

1. 对市地发展权价值是否存在的认知。

为了避免市地发展权这一专业名词造成受访者的理解困难,本调查中运用国家制定的规划对城市用地价值是否有影响这一提问方式来调查市民是否存在市地发展权的意识。调查显示:有 460 位市民受访者认为国家制定的规划对城市用地价值具有影响,占总样本的 83.48%;32 位市民受访者认为国家制定的规划对城市用地价值没有影响,占总样本的 5.81%;59 位市民受访者不确定国家制定的规划对城市用地价值是否具有影响,占总样本的 10.71%。可以看出大部分的市民受访者对于规划影响城市用地价值有着清晰的认识。这也说明,受访者认识到存在有改变城市用地用途而产生的价值,即市地发展权价值。

2. 对于现行基准地价的认知。

在现行基准地价的认知中,问卷将基准地价区分用途,并标明使用年限和容积率,认为基准地价是否合理可以反映受访者中对于土地价值的认识。若认为基准地价制定过低,则表示该区土地存在用途限制价值。由于不同用途土地价值差异较大,故对城市用地的主要用途作分别调查。调查显示:

有 214 位受访者认为住宅用地基准地价制定得过高,占样本总数的 39.21%;29 位受访者认为住宅用地基准地价制定得过低,占样本总数的

5.26%;299 位受访者认为住宅用地基准地价制定得合理,占样本总数的54.26%;7 位受访者不确定住宅用地基准地价制定得是否合理,占样本总数的 1.27%。可以看出,对于受访者生活中关系最为密切的住宅用地基准地价而言,受访者的态度较为明朗,认为地价合理人数在一半左右,认为地价过高的人数也将近 40%,只有少数人认为住宅用地基准地价过低。

受访者对于商业用地基准地价的态度则颇有分歧,有 202 位受访者认为商业用地基准地价制定得过高,占样本总数的 36.66%;159 位受访者认为商业用地基准地价制定得过低,占样本总数的 28.85%;129 位受访者认为商业用地基准地价制定得合理,占样本总数的 23.41%;61 位受访者不确定商业用地基准地价制定得是否合理,占样本总数的 11.07%。由于商业用地与受访者的直接关系较住宅用地要远,所以受访者的态度不如住宅用地明朗,并且没有一致的趋向。

受访者对于工业用地基准地价的态度趋向较为明显,有 97 位受访者认为工业用地基准地价制定得过高,占样本总数的 17.60%;139 位受访者认为工业用地基准地价制定得过低,占样本总数的 25.23%;228 位受访者认为工业用地基准地价制定得合理,占样本总数的 41.38%;87 位受访者不确定工业用地基准地价制定得是否合理,占样本总数的 15.79%。认为工业用地基准地价合理或过低的受访者占了总体的大多数。

由上总结可知:受访者认为住宅用地基准地价总体过高,对商业用地没有明显趋向,认为工业用地基准地价总体偏低。但值得注意的是,住宅用地基准地价并非最高的一类,却被明确地认为过高,商业用地基准地价作为最高的一类,并没有明显的趋向。在此笔者推测,高房价对于受访者的潜意识有所影响,对于住宅用地的基准地价的认知也下意识地认为其过高。

区分中心城区与一般城区受访者对于基准地价的认知,如表 4-3 所示:

表4-3 受访者对于基准地价认知情况

Table 4-3 The cognition of respondents' land basic price

(单位:人)

	住宅用地		商业用地		工业用地	
	中心城区	一般城区	中心城区	一般城区	中心城区	一般城区
过 高	145	69	138	64	58	39
过 低	4	25	67	92	46	93
合 理	134	165	63	66	159	69
不确定	2	5	17	44	22	65

数据来源:调查统计。

分别求取中心城区及一般城区对于基准地价认知占其受访者人数的百分比,以更加直观的对于其认知差异进行对比,可以得出表4-4所示百分比。

表4-4 受访者对于基准地价认知情况百分比

Table 4-4 The percentage of the cognition of respondents for land basic price

	住宅用地(%)		商业用地(%)		工业用地(%)	
	中心城区	一般城区	中心城区	一般城区	中心城区	一般城区
过 高	50.88	25.94	48.42	24.06	20.35	14.66
过 低	1.40	9.40	23.51	34.59	16.14	34.96
合 理	47.02	62.03	22.11	24.81	55.79	25.94
不确定	0.70	1.88	5.96	16.54	7.72	24.44

数据来源:调查统计。

从表4-3及表4-4可以得出,不论是住宅用地、商业用地抑或是工业用地,认为中心城区基准地价较高和一般城区基准地价较低的受访者数量较多。一方面中心城区现行基准地价本身就远高于一般城区基准地价,另一方面由于中心城区区位的稀缺性,其土地得到较为充分的利用,土地基本不存在受限用途价值。一般城区随着城市的开发扩张,土地价值上升的空间较大,现行的基准地价考虑到一般城区土地交易量不足的情况,一般制定得与其市场价格相当或更低,无法体现土地的现实价值。对于"不确定"这一选项的选择,一般城区要多于中心城区,这说明中心城区受访者对于土地价值的认知更明确。

三、受访市民对土地发展权价值限制的认知情况

在对于基准地价认知的基础上,调查深入不同限制对于土地价格的影响。根据土地发展权价值的定义,我们将市地发展权的限制分为用途限制、容积率限制和开发时间限制,并分别调查取消限制后,受访者认为土地发展权的变动方向。调查情况如表4-5及5-6所示:

若取消土地的用途限制,有183位中心城区受访者认为土地价格会上升,占中心城区受访者总人数的64.21%,31位中心城区受访者认为土地价格会降低,占中心城区受访者总人数的10.88%,15位中心城区受访者认为土地价格没有变动,占中心城区受访者总人数的5.26%,56位中心城区受访者不确定土地价格的变动方向,占中心城区受访者总人数的19.65%。在一般城区,有184位一般城区受访者认为土地价格会上升,占一般城区受访者总人数的69.17%,33位一般城区受访者认为土地价格会降低,占一般城区受访者总人数的12.41%,15位一般城区受访者认为土地价格没有变动,占一般城区受访者总人数的5.64%,34位一般城区受访者不确定土地价格变动方向,占一般城区受访者总人数的12.78%。

若取消土地的容积率限制,有145位中心城区受访者认为土地价格会上升,占中心城区受访者总人数的50.88%,75位中心城区受访者认为土地价格会降低,占中心城区受访者总人数的26.32%,25位中心城区受访者认为土地价格没有变动,占中心城区受访者总人数的8.77%,40位中心城区受访者不确定土地价格的变动方向,占中心城区受访者总人数的14.03%。在一般城区,有143位一般城区受访者认为土地价格会上升,占一般城区受访者总人数的53.76%,37位一般城区受访者认为土地价格会降低,占一般城区受访者总人数的13.91%,26位一般城区受访者认为土地价格没有变动,占一般城区受访者总人数的9.77%,60位一般城区受访者不确定土地价格变动方向,占一般城区受访者总人数的22.56%。

　　若取消土地的开发时间限制,有 184 位中心城区受访者认为土地价格会上升,占中心城区受访者总人数的 64.56%,48 位中心城区受访者认为土地价格会降低,占中心城区受访者总人数的 16.84%,17 位中心城区受访者认为土地价格没有变动,占中心城区受访者总人数的 5.96%,36 位中心城区受访者不确定土地价格的变动方向,占中心城区受访者总人数的 12.64%。在一般城区,有 140 位一般城区受访者认为土地价格会上升,占一般城区受访者总人数的 52.63%,26 位一般城区受访者认为土地价格会降低,占一般城区受访者总人数的 9.77%,24 位一般城区受访者认为土地价格没有变动,占一般城区受访者总人数的 9.02%,76 位一般城区受访者不确定土地价格变动方向,占一般城区受访者总人数的 28.57%。

表 4-5　受访者对于地价限制认知情况
Table 4-5　The cognition of respondents for the land price control

(单位:人)

	取消用途限制		取消容积率限制		取消开发时间限制	
	中心城区	一般城区	中心城区	一般城区	中心城区	一般城区
价格上升	183	184	145	143	184	140
价格降低	31	33	75	37	48	26
没有影响	15	15	25	26	17	24
不确定	56	34	40	60	36	76

数据来源:调查统计。

表 4-6　受访者对于地价限制认知情况百分比
Table 4-6　The percentage of the cognition of respondents for the land price control

	取消用途限制(%)		取消容积率限制(%)		取消开发时间限制(%)	
	中心城区	一般城区	中心城区	一般城区	中心城区	一般城区
价格上升	64.21	69.17	50.88	53.76	64.56	52.63
价格降低	10.88	12.41	26.32	13.91	16.84	9.77
没有影响	5.26	5.64	8.77	9.77	5.96	9.02
不确定	19.65	12.78	14.03	22.56	12.64	28.57

数据来源:调查统计。

由表 4-5 及 4-6 可以看出,取消用途限制后,受访者对于地价上升的期待最高,其次是取消开发时间限制,最后是取消容积率限制。三种情况下的价格上升的期待都较高,超过 50%,可见不论中心城区与一般城区的受访者大部分都认同减少对于土地的限制会对土地价格有正向的影响,即承认存在土地发展权价值。

四、受访市民对土地发展权的支付意愿影响因素分析

理论上认为,市民对于市地发展权支付意愿的影响因素包括:受访市民的基本特征及对于市地发展权的认知程度等,针对此本书提出一系列假设并进行检验。

(一)研究假设、变量描述及模型建立

1. 受访者的基本特征。

社区不同的社会人口统计和结构差异将会影响市地发展权的支付意愿。例如性别比例、年龄、教育水平等。

(1)性别。

假设 1:支付意愿与社区中女性的数量比例成负相关。

男性要肩负养家糊口的任务,对外界接触较多,见多识广,所以其行为更加理性,且男性对于土地、房产等信息较女性更为敏感,与土地房产接触的机会也较女性更多。因此假设二者成负相关。

(2)年龄。

假设 2:支付意愿与市民平均年龄成正相关。

年轻的市民由于其自身及家庭收入水平都较低,不如年长者在有一定经济基础的前提下,更乐意进行高额度的支付。因此假设二者成正相关。

(3)教育。

假设 3:支付意愿与教育成正相关。

有良好教育的人往往更有远见,在一定程度上对土地价值更加关注,能正确认识到土地价值的合理性及未来投资价值。因此假设二者成正相关。

(4)政治面貌。

假设4：支付意愿与政治面貌成正相关。

政治面貌为民主党派的受访者数量很少，而党员受访者较共青团员及无党派人士对于国家政策的了解程度更佳，更能对于土地发展权价值作出正确的判断，因此假设支付意愿与政治面貌成正相关。因此假设二者成正相关。

（5）家庭收入。

假设5：支付意愿与家庭收入成正相关。

家庭年收入较高者，更有能力对于土地价值进行支付，也更有投资意识。因此假设二者成正相关。

2. 受访者对于土地发展权的认知。

（1）对土地发展权价值的认知情况。

假设6：支付意愿与对土地发展权价值的认知情况成正相关。

能够更清楚地认识到土地发展权价值的受访者，更愿意对其支付价高的价值。因此假设二者成正相关。

（2）用途限制。

假设7：支付意愿与取消用途限制对土地价值的影响成正相关。

认为取消土地用途限制后土地价值会上升的受访者，对于土地用途不受限情况下的价值期望更高，也更愿意为土地发展权支付高的价值。因此假设二者成正相关。

（3）容积率限制。

假设8：支付意愿与取消容积率限制对土地价值的影响成正相关。

认为取消土地容积率限制后，土地价值会上升的受访者，对于土地容积率不受限情况下的价值期望更高，也更愿意为土地发展权支付高的价值。因此假设二者成正相关。

（4）开发时间限制。

假设9：支付意愿与取消开发时间限制对土地价值的影响成正相关。

认为取消土地开发时间限制后，土地价值会上升的受访者，对于土地开发时间不受限情况下的价值期望更高，也更愿意为土地发展权支付高的价值。因此假设二者成正相关。

根据以上假定,分别选取以下变量建立模型,并对建立的模型进行统计分析,以此确定影响农民与市民支付意愿的主要因素。

表 4-7 支付意愿模型中变量定义及对因变量的预期方向(市民)
Table 4-7 Defintion and expected direction of dependent variables(citizen)

变量	变量说明	变量取值	预期方向	变量类型
X_1	性 别	男=1,女=0	+	虚拟变量
X_2	年 龄	按实际年龄	−	连续变量
X_3	受教育程度	未受教育=1,小学=2,初中=3,高中(中专)=4,大专=5,本科=6,硕士=7,博士=8	+	虚拟变量
X_4	政治面貌	无党派=1,团员=2,民主党派=3,中共党员=4	+	虚拟变量
X_5	受访者家庭收入	收入/100000	+	连续变量
X_6	对土地发展权存在的认知	没有=1,不确定=2,有=3	+	虚拟变量
X_u	取消用途限制影响	价格降低=1,没有影响=2,不确定=3,价格上升=4	+	虚拟变量
X_h	取消容积率限制影响	价格降低=1,没有影响=2,不确定=3,价格上升=4	+	虚拟变量
X_t	取消开发时间限制影响	价格降低=1,没有影响=2,不确定=3,价格上升=4	+	虚拟变量

数据来源:笔者对问卷选项赋值。

表 4-8 支付意愿变量赋值情况(市民)
Table 4-8 Variable discription of WTP(citizen)

变 量	变量说明	变量取值	变量类型
Y	因变量:支付意愿	支付意愿/100	连续变量

数据来源:笔者对问卷选项赋值。

(二)假设检验

根据各个影响因素对于支付意愿的影响情况,本研究采用SPSS19.0软件中的回归分析来进行假设的验证。特别是为了分析用途限制、容积率限制及开发时间限制对于支付意愿的影响,在建立初始的以调查者个人特征为自变量的回归模型后,逐步加入对于土地发展权的存在的认知、用途限制、容积率限制及开发时间限制等自变量,对比此类变量加入后,对于土地发展权支付意愿的影响。

表 4-9 市地发展权影响因素回归分析结果

Table 4-9 The results of Influencing factors in regress analysis on urban land devolpment rights

变量	不同限制对于土地发展支付意愿的影响				
	基本模型	加入发展权认知	加入用途限制	加入容积率限制	加入开发时间限制
	模型 1	模型 2	模型 3	模型 4	模型 5
age	-2.75	-2.87	-4.23	-3.70	-3.52
sex	-0.40 *	-0.40 *	-0.44 *	-0.43 *	-0.42 *
edu	1.45	1.62	1.39	1.17	1.06
pol	9.38 **	9.47 **	9.47 **	9.66 **	9.59 **
inc	0.22 *	0.37 *	1.19 *	1.17 *	1.34 *
X		3.01 **	1.62 *	1.64 **	1.80
X_u			4.13 **	3.50 **	3.34 **
X_h				1.70 **	1.59 **
X_t					1.12 **
ΔR^2	0.04	0.09	0.14	0.17	0.20
F	4.24	3.57 **	3.31 **	4.94 **	4.62 **

注:*** 、** 、* 分别代表显著性水平为 1%、5%和 10%。
数据来源:调查统计。

可以看出表 4-9 的结果与初始的预期方向并不吻合。其中,个人特征类的变量对市地发展权支付意愿的影响如下所示:

1. 个人特征变量。

年龄(变量 age)与市地发展权支付意愿呈反向相关,这异于研究的初始假设。即年龄越大的消费者支付意愿反而较低。我们认为这可能是因为年轻人对于新概念的接受能力更强，土地的投资意识也强于较为年长者。

性别（变量 sex）与市地发展权支付意愿呈反向相关，这与初始假设亦不相符，即女性的支付意愿反而高于男性。这是因为愿意接受调查的女性数量较少，而愿意接受调查的女性说明其对于新兴事物的接受能力较强，从而对于土地发展权的支付意愿较高。

教育程度（变量 edu）与市地发展权支付意愿呈正向相关，这与初始假设形成一致。可见学历越高的受访者对土地发展权的支付意愿越高，除了学历越高者越可能清楚地认知土地发展权的概念外，根据下文收入对于支付意愿的正面影响，学历高的受访者收入一般也相应较高，因此其支付意愿也有所上升。

政治面貌（变量 pol）与市地发展权支付意愿呈正向相关，这与初始假设相符合。由于民主党派的调查者数量很少（3 人），我们可以得出，支付意愿随着无党派到共青团员到党员的方向递增，且相关系数较大。

收入（变量 inc）与市地发展权支付意愿呈正向相关，且较为显著，得到与初始假设一致的结果，但相关系数较小。说明收入对市地发展权支付意愿实施的影响较小。

2. 土地发展权认知变量。

分析了基本模型的变量后，我们可以看到，基本模型的解释度较小，调整后的 ΔR^2 较小，仅为 0.04，且只有变量 pol 极为显著，变量 sex 较为显著。因此我们建立模型 2，即加入土地发展权存在认知的变量后建立的模型，可以看到 ΔR^2 从 0.04 上升到 0.09，且变量 X 的影响极为显著。这说明对于市地发展权认知较清晰的受访者对于土地发展权的支付意愿同样也较高，X 的加入使得模型的解释度有较大的提高，因此，有必要对具体的土地发展权限制的影响进行分析。

加入土地用途限制变量（X_u）得到模型 3，加入 X_u 后，模型的解释度进一步上升，从 0.09 上升至 0.14，说明 X_u 的加入是有必要的。同时变量 X 的相关系数从 3.01 降至 1.62，说明 X_u 的加入能够部分解释变量 X 对于土地发展权支付意愿的影响。X_u 的相关系数为 4.13,且极为显著,与支付意愿呈正向相关,即认为土地用途限制解除后,土地价值会上升的受访者,对于土地发展权价值的支付意愿比较高。

加入土地容积率限制变量(X_h)后,得到模型 4,模型的 ΔR^2 值上升至 0.17,X_h 的相关系数为 1.70,极为显著且与支付意愿呈正向相关,即认为土地容积率限制解除后,土地价值会上升的受访者,对于土地发展权价值的支付意愿比较高。X_h 加入后,X_u 相关系数从 4.13 降低到 3.50。说明 X_h 与 X_u 亦存在一定相关性。

加入土地开发时间限制变量(X_t)后,得到模型 5,ΔR^2 的值上升至 0.20,X_t 的相关系数为 1.12,极为显著且与支付意愿呈正向相关,即认为土地开发时间限制解除后,土地价值会上升的受访者,对于土地发展权价值的支付意愿比较高。X_t 加入后,X_u 相关系数从 3.50 降低到 3.34,X_h 相关系数从 1.70 降低到 1.59。

总体分析模型 1—5 可以得知,模型 5 在现有模型中能够更好地解释土地发展权价值的变动。在个人特征变量中,政治面貌、收入与性别对于土地发展权价值有较显著的影响,其中政治面貌的影响最为显著。而在土地发展权认知部分,土地的用途限制显然是最为显著的影响,土地容积率限制与土地开发时间限制的影响略小于用途限制。与现实中的土地价值差异进行对比可以看出,现实中同区位的不同用途的土地价值差异明显,甚至可达 10 倍以上;土地出让价值与容积率成正比,同一地块不同容积率之间的价值差异可达 2 倍及以上[①];开发时间限制在现实中由于开发时间被统一限制为 2 年[②],差异无法体现,因此易受到忽略。

---

① 数据来源为武汉市 2003—2012 年的土地出让成交数据,来自武汉市土地交易中心网上公布。

② 我国国土资源部在《城市房地产开发经营管理条例》第十五条:"在城市规划区范围内,以出让等有偿使用方式取得土地使用权进行房地产开发的闲置土地,超过出让合同约定的动工开发日满 1 年未动工开发的,可以征收相当于土地使用权出让金 20% 以下的土地闲置费;满 2 年未动工开发时,可以无偿收回土地使用权;但是,因不可抗力或者政府、政府有关部门的行为或者动工开发必需的前期工作造成动工开发延迟的除外。"

五、受访市民对土地发展权价值估算

(一)中心城区市地发展权价值估算

在用途、容积率及开发时间不受限的假设前提下,我们调查得到市民对于土地的支付意愿,并以此为依据计算土地的最佳利用价值 P_{best}。综合整理 285 位被访者对中心城区不受限土地发展权价值的支付意愿,受访者的具体支付意愿区间及标准差情况如表4-10所示。取受访者的支付意愿均值乘上 100 为中心城区市地发展权支付意愿价值为 123.7368 * 100 = 12373.68 元/ m^2。

表4-10 中心城区不受限土地价值支付意愿描述统计量
Table 4-10 The statistics of willingness to pay for the unconstrain land value in central city

	N	极小值	极大值	均　值	标准差
Y	285	10.00	250.00	123.7368	78.09563
有效的 N(列表状态)	285				

数据来源:统计调查。

根据土地发展权定义,可得市地发展权价值(Value of Urban Land Development Right,VULDR)计算公式:

$$VULDR = P_{best} - P_{now}$$

P_{now} 为现行基准地价现状价值。以价值最高的利用用途——商业用地的基准地价为模板进行计算,根据数据可知,武昌区、江汉区、硚口区的商业用地基准地价主要处于第Ⅰ级与第Ⅴ级之间,取中间值可得商业用地基准地价为 9814.36 元/m^2。[①] 得到中心城区市地发展权价值为 2559.32 元/m^2。

———————

① 根据《武汉市 2011 年度基准地价更新报告》,2011 年度更新的武汉市商业用地第Ⅰ级基准地价为 20673.51 元/m^2,第Ⅱ级基准地价为 14426.70 元/m^2,第Ⅲ级基准地价为 9814.36 元/m^2,第Ⅳ级基准地价为 7846.48 元/m^2,第Ⅴ级基准地价为 6120.06 元/m^2。其中在中心城区中以第Ⅲ级基准地价分布范围最广,故而取 9814.36 元/m^2 为中心城区现状价值的均值。

对比中心城区市地发展权价值占土地最佳利用价值的比例,可知中心城区市地发展权价值为土地最佳利用价值的 20.68%。现有对于中心城区市地发展权的 CVM 问卷调查尚无展开实例,从而无法进行对比。因此转而根据中心城区市地发展权价值的内涵来寻求对比,中心城区市地发展权价值仅包括土地选择权价值,根据梁仁旭、陈奉瑶①对于土地选择权价值占土地价值的比例的归纳,可得这一比例在以往的研究中,属于合理的范畴。

表 4-11　土地选择权价值占土地价值比例
Table 4-11　The proportion of land option value to land value

文　献	Quigg					Sing & Patel			Anthony & Roger	梁仁旭、陈奉瑶
使用类别	企业	商业	工业	低密度住宅	高密度住宅	工业	办公大楼	零售	住宅	住宅及商业
选择权价值(%)	3.49	2.90	16.52	5.75	6.05	25.75	28.78	16.06	32.00	11.12

数据来源:梁仁旭、陈奉瑶:《土地选择权价值之实证分析》,不动产开发与投资和不动产金融——2005 年海峡两岸土地学术研讨会论文集。

(二)一般城区市地发展权价值估算

分析一般城区的 266 份土地发展权价值评估问卷的描述统计量,其支付意愿的均值为 71.4850,标准差为 56.24537。因此得到一般城区市地发展权的平均支付意愿为 71.4850 * 100＝7148.50 元/m²,汉阳区、青山区、洪山区的商业用地基准地价主要处于第Ⅳ级与第Ⅸ级之间,求取均值可得商业用地基准地价为 4835.23 元/m²。② 代入市地发展权价值公式,得到一般

---

① 梁仁旭、陈奉瑶:《土地选择权价值之实证分析》,《不动产开发与投资和不动产金融——2005 年海峡两岸土地学术研讨会论文集》。

② 根据《武汉市 2011 年度基准地价更新报告》,2011 年度更新的武汉市商业用地第Ⅳ级基准地价为 7846.48 元/m²,第Ⅴ级基准地价为 6120.06 元/m²,第Ⅵ级基准地价为 5052.04 元/m²,第Ⅶ级基准地价为 3633.60 元/m²,第Ⅷ级基准地价为 2884.84 元/m²,第Ⅸ级基准地价为 1606.54 元/m²。其中在一般城区中以第Ⅴ、Ⅵ、Ⅶ级基准地价分布范围最广,故而取算术平均值 4935.23 元/m² 为一般城区现状价值的均值。

城区市地发展权价值为 2213.27 元/m²。

表 4-12 一般城区不受限土地价值支付意愿描述统计量

Table 4-12 The Statistics of willingness to pay for the unconstrain land value in general urban land

	N	极小值	极大值	均值	标准差
Y	266	10.00	250.00	71.4850	56.24537
有效的 N(列表状态)	266				

数据来源:统计调查。

第二节 市地发展权价值点状估算

一、中心城区市地发展权价值的点状估算

(一)中心城区市地发展权估价方法确定

在第三章第一小节中,我们建立包含土地发展权的土地价值模型,明确了土地发展权价值变化趋势。根据上述分析可以得知,在中心城区内,市地仅存在选择权价值。因此,我们将对于中心城区市地发展权的估价,聚焦为对于其选择权价值的估算。

学者们对于土地的选择权价值的测算主要使用资本定价模型及实物期权方法。传统的资本资产定价模型(Capital Asset Pricing Model,CAPM)将土地视作一项可持续获得收益的资产,采用贴现的现金流(Discounted Cash Flow,DCF)方法来估算其未来价值。这一方法已然受到众多学者的批判[1],其主要存在的问题包括,不能正确确定资产的贴现率和不能度量投资机会对于资产的价值。而实物期权方法能够兼顾土地的现时收益、未来收

---

① Mayers Steward C, "Determinants of Corporate Borrowing", *Journal of Financial Economics*, May 1977. Hayes Robert H, Garvin David A: "Managing as Tomorrow Mattered", *Harvard Business Review*, 1982. Hodder James E, Riggs Henry E: "Pitfall in Evaluating Risky Project", *Harvard Business Review*, 1985.

益及收益的波动对于土地价值的影响。

所谓期权,是指赋予其购买者在规定期限内按双方约定的价格(即协议价格)或执行价格购买或出售一定数量某种资产的权利的合约。买入期权合约的一方,称为多头;卖出期权合约的一方,称为空头。按期权买者权力划分,期权可分为看涨期权和看跌期权。凡是赋予期权买者购买标的资产的合约,为看涨期权;而赋予期权买者出售标的资产权利的合约为看跌期权。按期权买者执行期权的时限划分,可分为欧式期权和美式期权。欧式期权的买者只能在期权到期日才能执行期权(即行使买进或卖出标的资产的权利)。而美式期权允许买者在期权到期前的任何时间执行期权。Timan① 率先将实物期权的概念引入土地估价中,并将未开发土地作为期权进行定价,他定义未开发土地看成看涨期权,采用二叉树期权定价模型来估价城市土地价值。Amram&Kulatilaka②,Corpeland&Antikarov③ 和 Brach④ 具体介绍了实物期权的定价应用方法。Capozza,Sick⑤ 将土地看成是美式看涨期权,其期权价值主要与城市土地资金增长率、风险厌恶水平及系统风险相关。

根据我国国土资源部在《城市房地产开发经营管理条例》第十五条中针对城市房地产开发中的"闲置土地"明确规定:"在城市规划区范围内,以出让等有偿使用方式取得土地使用权进行房地产开发的闲置土地,超过出让合同约定的动工开发日满 1 年未动工开发的,可以征收相当于土地使用权出让金20%以下的土地闲置费;满 2 年未动工开发时,可以无偿收回土地

---

①　Timan Sheridan:"Urban Land Prices under Uncertainty", *American Economic Review*, 1985.

②　Amram M,*Kulatilaka N.Real Options Managing Strategic Investment in Futures and Options Researh*, 1998, pp145–167.

③　Corpeland T, Antikarov V. Real Options:*A Practitioner's Guide.* 2001, Texere, New York, London.

④　Brach M A.*Real Options in Practice.Hoboken*, NJ:John Wiley&sons, Inc, 2003.

⑤　Capozza Dennis R, Sick Gordon A."The Risk Structure of Land Market", *Journal of Urban Economics*, Vol, 35, 1994.

使用权；但是，因不可抗力或者政府、政府有关部门的行为或者动工开发必需的前期工作造成动工开发延迟的除外。"因此，我国的土地的用益权人即土地使用者拥有固定期限的期权，可以在 2 年之内决定何时进行开发决策，但不可迟于 2 年。在此期间中，开发决策可以在任一时间做出，即用益权人可以在任何时刻行使其期权，这一特点符合美式期权的含义，因此将土地期权视作有期限的美式期权。

国内现有对于土地选择权价值的研究主要集中在农地选择权价值方面。崔新蕾、张安录①认为农地选择价值包括当前农地使用者对这块农地今后使用的潜在价值，子孙后代使用这块农地的潜在价值及其他人利用这块农地的潜在价值。当农地的使用价值、流转中发生的费用和选择价值之和大于农地流转成为其他用途的价值时，应选择流转开发；小于农地转为其他用途的价值时，保留原有农地用途。并用净现值 NPV 投资决策法求取武汉市农地流转为不同用途的选择权价值。梁仁旭、陈奉瑶②利用美式期权理论，通过确定期权行使时间来计算期权的价值，将土地选择权价值纳入土地价值体系中，分别求取不含选择权价值的土地价值及含有选择权价值的土地价值，并根据其差值求取土地选择权价值。宋敏③利用实物期权理论中传统的 B-S 理论，分析农地城市流转社会理性决策问题，分别利用期权定价方法求取保有农地及开发农地的社会净收益，并考虑决策者的不同风险偏好，当开发农地的社会净收益大于保有农地时，即为期权的执行期日。

以上对于土地选择权的测算多基于土地改变用途方式的假设，或为农地流转为建设用地，或为建设用途改变开发方式。采用的方法也各有不同，其共同点是都依赖于土地用途发生转换时间的求取，来最终确定土地选择

①　崔新蕾、张安录：《农地城市流转的选择价值研究》，《中国土地科学》2008 年第 22 期。
②　梁仁旭、陈奉瑶：《土地选择权价值之实证分析》，《不动产开发与投资和不动产金融——2005 年海峡两岸土地学术研讨会论文集》。
③　宋敏：《农地城市流转的外部性与社会理性决策研究》，博士学位论文，华中农业大学，2009 年，第 54—57 页。

权的价值。

(二)影响中心城区市地发展权价值的因素

期权价格的影响因素主要有 6 个,它们通过影响期权的内在价值和时间价值来影响期权的价格①。将其结合中心城区市地发展权进行探讨,可以得到影响中心城区市地发展权价值的因素,笔者将其精简为 4 点。

1. 标的资产的市场价格与期权的协议价格。

中心城区的市地发展权从其持有者的角度来看,若持有市地发展权不进行开发,则说明土地发展权持有者对其有看涨的期望,若将市地进行开发或转让市地发展权,则说明土地发展权持有者对其有看跌的期望。而看涨期权在执行时,其收益等于标的资产当时市价与协议价格之差。标的资产的价格越高、协议价格越低,看涨期权价格就越高。看跌期权由于执行时其收益等于协议价格与标的资产市价的差额。标的资产的价格越低、协议价格越高,看跌期权的价格就越高。

2. 期权的有效期。

美式期权可以在有效期内任何时间执行,有效期越长,多头获利机会就越大。长有效期期权又包含了短有效期期权的所有执行机会,因此有效期越长,期权价格越高。一般情况下,中心城区的市地发展权有效期可视为 2 年,在 2 年内的任何时间可以选择执行。

3. 标的资产价格的波动率。

标的资产价格波动率是衡量标的资产未来价格变动不确定性的指标。期权多头的最大亏损额仅限于期权价格,最大盈利额又取决于执行期权时标的资产市场价格与协议价格之差额。因此波动率越大,对期权多头越有利,期权价格越高。对于中心城区的市地发展权而言,市地开发收益的波动率越大,其发展权价值越高,发展权持有者越有等待开发的偏好②。

---

① 参见郭尊光、孔涛、李鹏飞、张微:《基于最优实施边界的美式期权定价的数值方法》,《山东大学学报》(理学版)2012 年第 47 期。

② 参见刘敏:《美式期权定价的几种数值解法》,硕士学位论文,中南石油大学,2010年,第 9—10 页。

4.无风险利率。

无风险利率对期权价格的影响可从两个角度来考察。从比较静态的角度考察,比较不同利率水平下的两种均衡状态可得状态 1 的无风险利率较高,标的资产的预期收益率也较高,即对应标的资产现在特定的市价,未来预期价格也较高。但贴现率较高时,未来预期盈利的现值就较低,这两种效应将减少看跌期权的价值。对看涨期权而言,前者将使期权价格上升,后者将使期权价格下降、由于前者的效应大于后者,对应于较高的无风险利率,看涨期权的价格也较高①。

(三)中心城区市地期权估算模型建立

本部分的研究集中于中心城区市地的期权价值,当中心城区市地刚出让或转让时,处在未开发状态,此时用益物权人拥有其转换为开发用途的期权②;当用益物权人将土地转为开发用途后,期权获得执行,此时用益物权人失去土地未开发时的收益及期权价值,得到土地开发后的收益价值。根据第三章第一节的土地价值体系,可得中心城区市地发展权价值示意图(如图 4-2 所示)。

由图可知,只有在土地开发后的收益价值大于或者等于土地未开发时收益与期权价值之和时,土地才会发生用途转变,因此我们得到期权价值的基本定价公式:

土地期权价值=土地开发后收益-土地未开发时收益-开发成本(式 4-1)

为了进一步细化土地期权价值的定价公式,对土地期权的相关变量作以下假设:

第一,中心城区土地开发是一个处理二元选择问题的过程,即当用益物权人面对一个开发机会时,必须决定是继续将其保有为未开发土地还是将

---

①　参见林汉燕、邓国和:《分数次 Black-Scholes 模型下美式期权定价的一种二次近似方法》,《广西科学》2011 年第 18 期。

②　参见宋敏:《农地城市流转的外部性与社会理性决策研究》,博士学位论文,华中农业大学,2009 年,第 134—135 页。

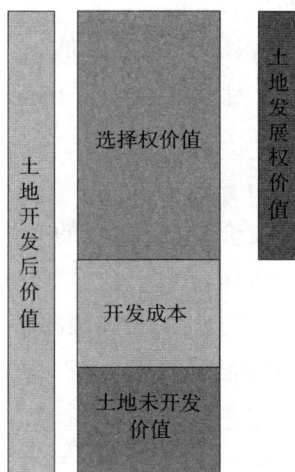

图 4-2 中心城区市地发展权价值示意图
Fig.4-2 Urban land development right value in central city

其转变用途开发为建设用地。

第二,中心城区土地用途变动存在不确定性,其是否及何时发生用途转换从根本上取决于土地未开发收益和土地开发后收益的比较,而二者都随着时间、社会经济环境的变化以及用益物权人的价值判断表现出随机波动性,因此该决策过程是一个随机过程①。

第三,土地用途的转变由于其投入资金量大,假设其是不可逆的,且决策可以被延迟。不可逆性使得开发具有不对称性,未开发的土地可以转换为开发用途,但一旦进行开发,该地块就不可逆转或很难逆转为开发用地。

第四,土地未开发收益和土地开发后收益都服从几何布朗运动,这是由于算术布朗运动有可能会出现负值的波动,但土地收益不可能为负值,因而采用更合理的几何布朗运动假设。

第五,由于土地的现有建筑物的存在会导致转换成本过高同时影响期

_____

① 孙鹏:《金融衍生产品中美式与亚式期权定价的数值方法研究》,博士学位论文,山东大学,2007 年,第 21—22 页。

权的行使,因此会影响到期权的价值。因此本模型中假设未开发的市地为空地或只存在低价值建筑物,且拆除成本较低。

在此假设基础下,假设 t 时刻中心城区土地未开发价值 $P_u(t,0)$ 的变化服从下述几何布朗运动:

$$dP_u(t,0)/P_u(t,0) = g_u dt + \sigma_u dw_u \qquad (式4-2)$$

t 时刻中心城区土地开发价值 $P_d(t,0)$ 的变化服从下述几何布朗运动:

$$dP_d(t,0)/P_d(t,0) = g_d dt + \sigma_d dw_d \qquad (式4-3)$$

式中: g_u 与 g_d 分别为 P_u 与 P_d 的瞬间漂移率, σ_u 与 σ_d 分别为 P_u 与 P_d 的方差系数, w_u 与 w_d 为标准的维纳过程, dw_u 与 dw_d 为标准维纳过程增量,服从均值为0,方差为 dt 的正态分布。

根据式4-1,可得选择权价值 P_c 与开发成本 C 之和为土地开发后收益 P_d 和土地未开发收益 P_u 之差,即:

$$P_c + C = P_d - P_u \qquad (式4-4)$$

而土地开发的最优时机是在给定的随机决策过程中,在时刻 t 最大化期权的价值,即令推迟决策所产生的选择价值达到最大,假设开发成本 C 在一定时间内是一常数,也是就是要得到:

$$P_c + C = MAX[(P_d^t - P_u^t) \cdot e^{-\rho t}, 0] \qquad (式4-5)$$

式中, ρ 为社会折现率, P_u^t 与 P_d^t 分别为在时刻 t 的土地未开发收益及土地开发后收益, $e^{-\rho t}$ 为连续利率贴现系数。

在现实操作中,我们将 P_u 与 P_d 的价值波动率视作其瞬间漂移率,若 $\rho > g_u$, $\rho > g_d$,即土地未开发收益及土地开发后收益的波动率漂移率小于或等于贴现率时,土地开发期权会在未来的某一时点被执行,从而得到最终的期权价值。否则土地开发期权的价值会趋向无穷大,使得等待开发永远为最佳选择,我们只能通过其最终限制开发时间来得到受限的期权价值。

根据亿房网对于武汉市商品房售价的研究,得出尽管国家实行了平抑房价的政策,2011年度武汉市的商品房售价与土地出让价值仍然处在上升状态,尤其是中心城区,由于其区位的稀缺性,土地价值基本属于刚性,因此

有 $g_u > 0$，$g_d > 0$。

因此将式 4-5 转换为：

$$P_c + C = MAX[(P_d^t \cdot e^{g_d t} - P_u^t e^{g_u t}) \cdot e^{-\rho t}, 0] \qquad (式 4-6)$$

即土地未开发收益 P_u^t 与土地开发后收益 P_d^t 从时刻 0 到 t 一直分别以 g_u 和 g_d 的增长率增长，最终在 t 时刻达到 $P_d^t \cdot e^{g_d t}$ 与 $P_u^t e^{g_u t}$。而为了求得 $P_c + C$ 的最大值，则需对式 4-6 求导，得到：

$$\frac{d(P_c + C)}{dt} = (g_d - \rho)P_d^t \cdot e^{(g_d - \rho)t} - (g_u - \rho)P_u^t \cdot e^{(g_u - \rho)t} = 0 \quad (式 4-7)$$

将式 4-7 两边求对数后作形式转换可得：

$$P_d^{t^*} = \frac{g_u \ln(\rho - g_u)}{g_d \ln(\rho - g_d)} \cdot P_u^{t^*} \qquad (式 4-8)$$

当满足式 4-8 的条件时，土地用益物权人当作出将市地进行开发的决策。

由于 $P_d^t = (1 + g_d)^t P_d^0$，$P_u^t = (1 + g_u)^t P_u^0$，因此式 4-8 可转换为：

$$(1 + g_d)^{t^*} P_d^0 = \frac{g_u \ln(\rho - g_u)}{g_d \ln(\rho - g_d)} \cdot (1 + g_u)^{t^*} P_u^0 \qquad (式 4-9)$$

根据式 4-9 作取对数形式变化，可得最优开发时间 t^* 为：

$$t^* = \ln\left[\frac{g_u P_u^0 \ln(\rho - g_u)}{g_d P_d^0 \ln(\rho - g_d)}\right] \bigg/ \frac{\ln(1 + g_d)}{\ln(1 + g_u)} \qquad (式 4-10)$$

求得最优开发时间 t^* 后，可求得 t^* 时的土地未开发收益 $P_u^{t^*}$ 及土地开发后收益 $P_d^{t^*}$，最终求得 $P_c^{t^*} + C$ 的价值，进行求得 $P_c^{t^*}$ 的选择权价值。

（四）模型参数求取

现阶段武汉市房地产市场虽然受到平抑，但仍然呈现上升趋势，根据亿房网研究中心公布的数据，2010 年 12 月至 2011 年 12 月主城区各区商品住房成交均价走势情况如图 4-3 所示，可以看出：过去 13 个月中，主城区 10 大片区商品住宅价格整体上仍呈上升趋势，其中，2011 年上半年，汉口中心区、武昌中心区、汉阳中心区三大中心区和二七后湖片、南湖片价格上涨较明显；2011 年下半年，古田片、汉口中心区和关山片价格上涨较明显。从全年变化趋势来看,除以上时间段内的部分片区价格上涨较明显外,其他片区价格上涨整体上相对平缓。2011 年,全市主城区商品住房价格较 2010 年均继续上涨。十大主城区较 2010 年涨幅,除汉阳中心区、南湖片、青山区和汉口中心区涨幅较小,不到 10%以外,其他片区 2011 年成交均价涨幅均在10%以上。

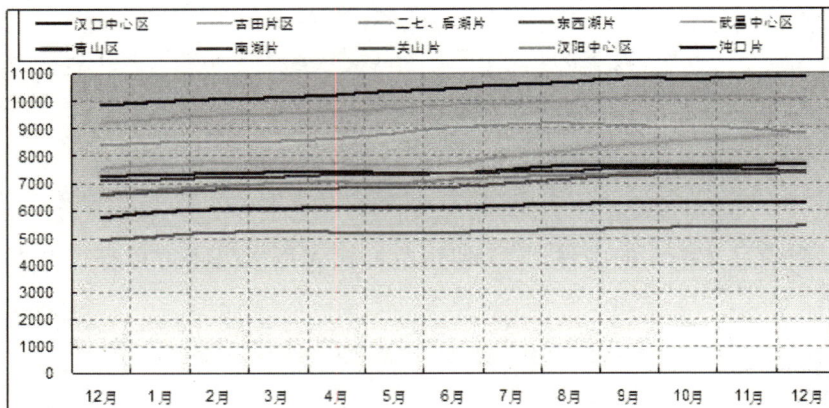

图 4-3　武汉市 2010 年 12 月至 2011 年 12 月主城区商品房成交价走势图
**Fig 4-3　The real estate transaction price of urban areas in
Wuhan form Dec.2010 to Dec.2011**

图表来源:亿房新闻所公布的成交数据,http://news.fdc.com.cn/lsdt/404972.shtml。

　　而根据 2011 年度武汉市土地出让数据,将土地的用途、容积率及使用年限进行修正后得到统一口径的出让价值后,可以得出 2011 年 1 月至 12月每月平均土地出让价格,在 2011 年内,土地出让价格同样有上升趋势,武汉市 2011 年度土地出让价值一年内上升了 12.24%,上涨趋势与商品房价值上涨趋势相当。

　　从土地价值占房地产开发价值的比例来看,武汉市地价成本占房价的 28.8%①。

────────────

　　①　国土部公布 14 个武汉楼盘地价占房价比例,http://news.dichan.sina.com.cn/2009/08/03/36046.html。

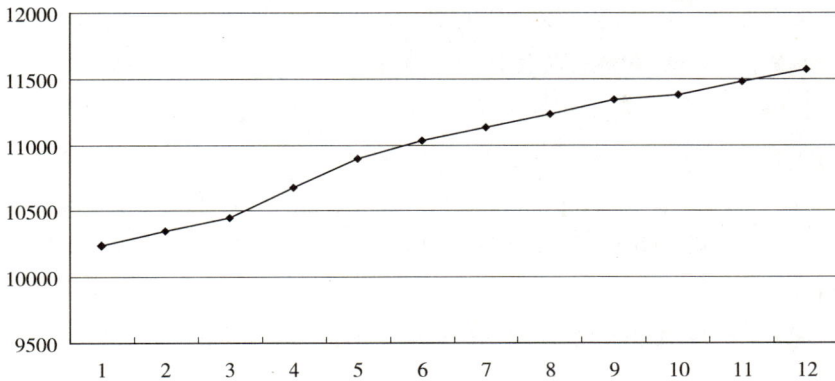

图 4-4 武汉市 2011 年度土地出让价格走势图
Fig 4-4 Land lease price of Wuhan in 2011

g_u 和 g_d 的需要依据近期的土地出让价格及商品房售价的波动情况来求取,其中土地出让价值统一修正为住宅用地价值,容积率 2.0,使用年限 70 年。商品房出售价值也视作容积率为 2.0 的土地上的住宅开发出售收益:

$$g_u = m_u + \frac{s_u^2}{2} \text{ 且 } g_d = m_d + \frac{s_d^2}{2}$$

m_u 为数列 $\ln(P_u^t / P_u^{t-1})$ 的平均数,s_u 为其标准差;

m_d 为数列 $\ln(P_d^t / P_d^{t-1})$ 的平均数,s_d 为其标准差。

分别根据武汉市中心城区 2011 年每月的土地出让价格及商品房售价数据,求取 g_u 和 g_d。

$m_u = 0.009993$,$s_u = 0.003756$,则 $g_u = 0.010000 = 1.00\%$

$m_d = 0.008523$,$s_d = 0.003274$,则 $g_d = 0.008534 = 0.85\%$

社会折现率 ρ 是社会对资金时间价值的估算,是从整个国民经济角度所要求的资金投资收益率标准,代表占用社会资金所应获得的最低收益率,能够反映国民经济发展目标和宏观调控意图。本研究集中于土地开发及商品房开发的收益率,因此取房地产估价中常用的房地产还原利率 8% 为社

会折现率 ρ 的取值①。且由以上求得的 g_u 和 g_d 的值，可得 $g_u < 8\%$，$g_d < 8\%$，即存在相应的土地开发转化时点，即期权执行时点。

（五）中心城区市地发展权价值求取

以 2011 年 12 月的平均土地出让价值和商品房出售价值为 P_u^0 和 P_d^0，可以求得：

$$t^* = \ln\left[\frac{0.01 * 11596.32\ln(0.08 - 0.01)}{0.0085 * 21008.37\ln(0.08 - 0.0085)}\right] / \frac{\ln(1 + 0.0085)}{\ln(1 + 0.01)} =$$

3.21（月）

$$P_u^{t^*} = (1 + 0.01)^{3.21} \times 11596.32 = 11633.59(元/m^2)$$

$$P_d^{t^*} = (1 + 0.0085)^{3.21} \times 21008.37 = 21586.99(元/m^2)$$

$$P_c^{t^*} + C = 21586.99 - 11633.59 = 9953.40(元/m^2)$$

得知 $P_c^{t^*} + C$ 的值之后，求取 C 的值，由国土部公布的武汉市商品房建安成本占商品房价值平均为 21.8%②，平均建筑成本为 4579.82 元/m²。因此可得武汉市中心城区平均选择权价值：$P_c = 9953.40 - 4579.82 = 5373.58$ 元/m²。即可得武汉市中心城区市地发展权价值为 5373.58 元/m²。

以上分析采用的是武汉市平均土地出让价格及商品房售价，若进行具体某一地块的土地发展权价值估算时，则可以选择该地块及地块周边的土地出让价格及商品房售价近期历史数据进行分析，可得出更精确具体的土地发展权价值，本书由于篇幅所限，不再进行具体地块的土地发展权价值求取。

二、一般城区市地价值的点状估算

（一）一般城区市地发展权估价方法确定

根据第三章第一节建立的土地价值模型及土地选择权价值及用途转换

---

① 数据来源：武汉市永业行评估公司房地产价值评估报告：《武汉中商集团股份有限公司位于武汉经济技术开发区 3C2 地块核定资产量土地使用权价格评估》（鄂）永地［2007］（估）字第 0339 号。

② 国土部公布 14 个武汉楼盘地价占房价比例，http://news.dichan.sina.com.cn/2009/08/03/36046.html。

价值变化趋势图,可知一般城区内,市地既存在选择权价值,也存在用途转换价值。因此对于一般城区市地发展权的估价方法需异于中心城区的估算方法,且兼顾用途转换价值和选择权价值。

参考第四章第二节第一部分的土地发展权基本定价公式,土地发展权的价值等于土地的最佳使用价值 P_{best} 减去土地现时价值 P_{now} 以及土地现时用途转为最佳使用的成本 C 。即:

$$VDR = P_{best} - P_{now} - C \qquad\qquad （式 4-11）$$

其中, P_{now} 可视作一般城区现行基准地价; C 可以通过资料得知, P_{best} 的求取则要求预测土地转为最佳用途的时间,以及所能获得的收益,接下来本书针对这几个变量进行分解的讨论。

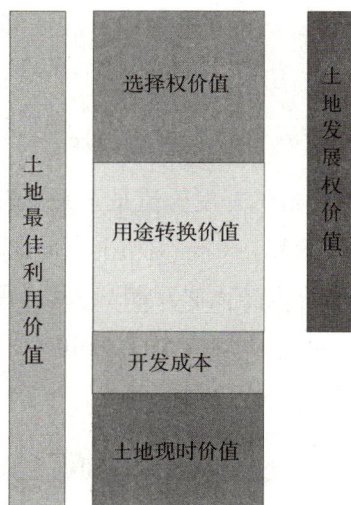

图 4-5　一般城区市地发展权价值示意图

Fig.4-5　The land development right value in general urban land

（二）最佳利用用途价值的定价模型

根据资产评估中收益法的原理,我们假设土地只能保持现有用途或者开发,开发是不可逆的行为,可以得出 P_{best} 的基本公式:

$$P_{best} = \int_0^{t^*} R_u(s,z)e^{-rs}ds + \int_{t^*}^{\infty} R_d(s,z)e^{-rs}ds - Ce^{-rt^*} \qquad (式4-12)$$

$R_u(s,z)$ 是在 t 时的现有用途收入，z 是地块的区位，$R_d(s,z)$ 是开发土地的收入，C 是土地现状用途转换为土地最佳用途的成本，$t^* \in [0,\infty]$ 是土地开发转换的时间，r 是利息率。等式 4-12 表明的是土地的最佳利用价格等于现时的用途收入直到土地转换用途时的折现，加上转换后的收入的折现，再减去转换成本。由于开发一般具有不可逆性，我们假设在时间 t^* 之后，土地就一直保持开发用途。

根据实物期权的土地转化开发决策模型，特定地块的土地所有者通过选择开发时间 t^* 来实现土地价值的最大化，无论征税与否，当 $R_d(t^*,z) = R_u(t^*,z) + rC$ 时，是土地转化开发的临界点。这一条件说明了 t^* 是 z,r,C 的函数，这些变量被归并为一个单一向量 w，以其替代转换时间后，得到 P_{best} 的简化公式为：

$$P(w)_{best} = \int_0^{t^*(w)} R_u(s,z)e^{-rs}ds + \int_{t^*(w)}^{\infty} R_d(s,z)e^{-rs}ds - Ce^{-rt^*(w)} \qquad (式4-13)$$

等式 4-13 表明土地的最优开发价值是未来开发收入、现时用途收入、利率和转换成本的非线性函数。

由于土地的未来开发收入是无法观测的，因此我们必须选择合适的替代变量。根据 Capoz 和 Helsley 的竞争性土地市场模型：

$$R(t,z) = A + rC + (T/\bar{L})[\bar{z}(t) - z] \qquad (式4-14)$$

A 是土地农用收入，T 是交易成本，$\bar{L}$ 是固定土地需求，z 是土地到城市中心的距离，$\bar{z}(t)$ 是城市边界到城市中心的距离。Capoz 和 Helsley 的竞争性土地市场模型假设土地开发多为农地转换而来，适合城市边缘地带的土地价值估算。在本研究中，一般城区并不仅限于城市边缘地带，其现时用途也不仅包括农用用途，也包括商业、工业、住宅仓储等用途。因此改进竞争性土地市场模型为：

$$R_d(t,z) = R_u + rC + (T/\bar{L})[\bar{z}(t) - z] \qquad (式4-15)$$

将土地的农用收入 A 替换为土地的现时用途收入 R_u，则拓宽了土地现时用途种类，具体的土地现时收益可按土地的现时用途来求取。将式 4-15 代入式 4-13 后，为了得到土地价值与解释变量的非线性关系，对 P_{best} 求二阶近似解，得出定价等式为：

$$P_{it} = \alpha_{0t} + \alpha_1 R_{it} + \alpha_2 PC1_{it} + \alpha_3 TT1_{it} + \alpha_4 PC2_{it} + \alpha_5 TT2_{it}$$
$$+ \beta_{11}(R_{it})^2 + \beta_{22}(PC1_{it})^2 + \beta_{33}(TT1_{it})^2 + \beta_{44}(PC2_{it})^2$$
$$+ \beta_{55}(TT2_{it})^2 + \gamma_{12} R_{it} PC1_{it} + \gamma_{13} R_{it} TT1_{it} + \gamma_{14} R_{it} PC2_{it}$$
$$+ \gamma_{15} R_{it} TT2_{it} + \gamma_{23} PC1_{it} TT1_{it} + \gamma_{24} PC1_{it} PC2_{it} + \gamma_{25} PC1_{it} TT2_{it}$$
$$+ \gamma_{34} TT1_{it} PC2_{it} + \gamma_{35} TT1_{it} TT2_{it} + \gamma_{45} PC2_{it} TT2_{it} + \varepsilon_{it}$$

（式 4-16）

P_{it} 是地块 i 在 t 时的最佳利用价值，R_{it} 是地块的现时平均年净收益，$PC1_{it}$ 是最近的大城市的人口变化，$TT1_{it}$ 是从地块 i 到城市中心的驾车时间。$PC2_{it}$ 和 $TT2_{it}$ 则是相对第二近的城市相同含义的参数。ε_{it} 是随机差。我们假设边际转换和转换成本在一定的时空范围内保持不变。确定一般城区的基本定价模型后，则需要求取模型的参数，从而得出具体可行的定价模型。

（三）研究区域选择与样本数据的获取分析

选取武汉市一般城区作为研究区域，主要包括汉阳区大部分区域、硚口区大部分区域、青山区及洪山区。其中，城市中心选取为武汉市商务局公布的 3 个武汉市市级商业中心，分别为江汉路、中南商场及新世界百货汉阳店①。$TT1_{it}$ 为该地块至其第一近的商业中心的驾车时间，$TT2_{it}$ 为该地块至其第二近的商业中心的驾车时间，单位均为分钟。笔者通过使用百度地图的距离测算功能可以精确地得到某地块至商业中心的最短驾车距离，再根据武汉市内通行的平均车速得到最短驾车时间。$PC1_{it}$ 和 $PC2_{it}$ 为相应的商业中心城区人口变化，单位为千人②，R_{it} 为该地块转换开发前的现时用途

---

① 资料来源为武汉市商业局武汉市商业发展"十一五"规划。
② 资料来源为武汉市统计年鉴（2011）。

收入,单位为元/㎡①。

关于土地开发的成本费用,没有统一的标准,因此借助武汉市已有的成本法土地评估报告中对于土地开发的成本的计算,包括耕地占用税、耕地开垦费、征地管理费、不可预见费、水利建设基金以及土地开发费,并考虑投资过程中的利息因素,得出武汉市"五通一平"的成本为317.9元/㎡②。

根据武汉市国土资源和规划局统计的土地成交信息统计,考虑到早期土地拍卖制度实施的不完善性,因此土地拍卖价格与市场价值有一定差异性。本书选取了2007年1月到2011年12月间的278起成交案例,俱为一般城区市地出让的案例。根据其成交价值 P ,我们假设土地招拍挂的成交价格经用途修正、交易期日修正及容积率修正后得到土地的最佳出让价格 P_{best} ,采用地价指数进行了交易期日修正及不同土地用途的修正,根据最佳利用原则,将地价统一修正为2011年商业用地价格,容积率修正至3.0③。

(四)计量模型的结果与影响因素分析

对数据进行分析可得出数据的方差服从正态分布,运用SPSS19.0对变量进行逐步回归,通过逐步回归,逐步把显著的自变量纳入回归方程中,同时也把非显著性的自变量从回归方程中剔除,最终建立一个最优回归方程。本书中的数据的运算一共进行了5次逐步回归,对5次回归各项评价指标进行比较,综合考虑判定系数以及各变量系数的显著性,决定使用第5次逐步回归的结果,如表4-13所示。并得出土地最佳利用价值模型为:

$$P_{best} = 3292.26 - 66.702TT2 + 0.199\,(TT2)^2 + 9.843R_uPC2 +$$
$$4.931PC1TT2 \tag{式4-17}$$

---

① 资料来源为《武汉市2011年基准地价更新报告》数据。

② 武汉市永业行评估公司房地产价值评估报告:《武汉中商集团股份有限公司位于武汉经济技术开发区3C2地块核定资产量土地使用权价格评估》(鄂)永地[2007](估)字第0339号。

③ 魏兵:《对土地估价的收益还原法和假设开发法的理论分析》,硕士学位论文,吉林大学,2004年,第6—17页。

表 4-13　市地价值定价模型分析结果

Table 4-13　Estimation result for urban land pricing model

参　数	变　量	观测值	检　验
α	常数	3292. 260 ***	4. 695
α_5	$TT2$	−66. 702 ***	−4. 381
β_{55}	$(TT2)^2$	−0. 199 ***	3. 726
γ_{14}	$R_u PC2$	9. 843 ***	2. 814
γ_{25}	$PC1TT2$	4. 931 *	1. 707
样本容量:154	$\Delta R^2 = 0.232$		

注:"*""**""***"分别表示统计检验分别达到10%、5%和1%的显著水平。

数据来源:调查统计。

　　用求偏导的方法,我们可以分别得出各统计量对于土地价值的边际效应:在 2011 年的时点下就土地现时收入 R_u 而言,每平方米的现时收入上升 1 元,容积率为 3.0 的商业用途土地价值即土地最佳利用价值就增加 9.84 元,这与预期相符合,即有着较高的现时收入的地区的土地最佳利用价值也会较高。这是由于土地现时收入价高的地块区位、基础设施等条件也较好,若作最佳利用开发,所得的开发价值也相应较高。

　　地块至距离第二近的商业中心的乘车时间 $TT2$ 对于地价的影响较大,每增加一分钟的乘车时间,地块的价值下降 61.77 元,这同样符合我们的预期。相较于 $TT2$ 对于土地价值的显著影响,$TT1$ 却与土地价值没有明显的关系。经分析主要有两点原因:第一,就武汉市的格局而言,两江三镇分立,三个商业中心之间距离较远,距离第一近的商业中心距离较近的地块,可能距离其他商业中心较远,这样的地块相较于距每个商业中心都较近的地块而言,区位之间的差距很明显。因此,$TT1$ 对于地价的影响是不明确的。第二,$TT2$ 是指地块至其第二近的商业中心的驾车时间,即 $TT1$ 是小于 $TT2$ 的,因此,$TT2$ 较小的地块,$TT1$ 也相应较小,即 $TT2$ 的大小从一定程度上限定了 $TT1$ 的范围,使得 $TT1$ 对于地块价值的影响部分反映在 $TT2$ 中。因此,本书尝试构建 $\overline{TT}$ 这一变量,使得 $\overline{TT} = (TT1 + TT2)/2$,表示地块到最近以及第二近的商业中心的驾车时间的平均值。重新构建模型并进行回归后，我们发现虽然 $\overline{TT}$ 对于土地价值的影响更为显著，但是判定系数 ΔR^2 明显的变小了，这使得我们放弃了这一改进。

人口的加速增长提高了土地的价值，这是由于人口增长的压力使得开发需求增加，开发收入增长，进而使得土地的需求增加。从武汉市历年来的土地出让价格可以看出，2003 年起，土地出让价格一直呈上升趋势，土地出让数量亦呈上升趋势，即使在 2007 年受到金融危机的冲击时也不例外。距离最近的商业中心城区人口每增加 1 千人，单位土地价值上升 4.93 元，距离第二近的商业中心城区人口 $PC2$ 每增加 1 千人，单位土地价值上升 9.84 元。

（五）实证分析

本章对于一般城区市地发展权价值测算的研究，既适用于单个地块的发展权价值求取，也可用于整个一般城区发展权均价的求取，并可以通过选择一定数量分布的点状数据，利用 Arcview 软件生成某一地区的土地发展权价值分布图。考虑到距离商业中心驾车时间对于土地价值影响的显著性，使得对于武汉市一般城区总的市地发展权较准确的估算需要大量的数据。因此我们选择一个较小范围的土地进行发展权价值的测算，使得该范围内的地块一定意义上具有均质性。

考虑数据的易获得及可对估算价值与实际土地价值进行对比分析，本章中采用武汉市洪山区近期出让的两宗地块作为估价对象，一方面其容积率、面积、区位等数据较为明了，一方面该地块已经出让，可将估计值与实际出让价值进行比对。

1. 地块 1 估价。

地块 1 为武汉市洪山区珞狮北路 3 号，于 2010 年出让，用途为商服用地，土地面积为 0.21 hm²，出让总价为 5060 万元，地块容积率为 4.0。

地块 1 至中南商场驾车时间为 12 分钟，至江汉路步行街驾车时间为 27 分钟。距离最近的商业中心城区人口变动为 2.68 千人，距离第二近的商业中心城区人口变动为 5.71 千人。该地块的基准地价为商业用地第Ⅲ

级,即为 9814.36 元/ m², 还原后得土地年收益 408.08 元/ m², 根据式 4-17
可得土地最佳利用价值为 25929.25 元/ m²。

土地出让单价为 24095.24 元/ m², 需将其修正为 2011 年容积率为 3.0
的商服用地价值。

(1)样点地价交易时间修正。

不同的交易时间样点地价,要修正到基准地价估价期日,其计算公
式为:

$$K_{ij} = \frac{P_{is}}{P_{ij}} \qquad\qquad (式 4-18)$$

其中 K_{ij}, 是第 i 类土地第 j 期地价修正到基准地价估价期日的系数;

P_{ij} 是第 i 类土地基准地价估价期日土地交易平均价(或地价指数);

P_{ij} 是第 i 类土地第 j 期土地交易平均价(或地价指数)。

通过以上公式可求得武汉市商业用地交易时间修正系数:

表 4-14 商业用地交易时间修正系数表

Table 4-14 The correction coefficient of transaction time of commercial land

交易时间	2002	2003	2004	2005	2006
修正系数	1.740	1.673	1.626	1.526	1.381
交易时间	2007	2009	2009	2010	2011
修正系数	1.318	1.261	1.160	1.030	1

数据来源:计算得出。

对不同时期发生的交易宗地地价,地价修正到基准地价基准日的计算
公式为:

$$v = k_t \times v_o \qquad\qquad (式 4-19)$$

式中, v 表示修正到评估时间的宗地价格;

k_t 表示时间修正系数;

v_o 表示实际成交宗地地价。

(2)容积率修正。

容积率的修正按土地用途分类进行,根据《湖北省城镇基准地价更新技术规范(试行)》中对各城镇基准地价内涵的统一设定,武汉市的商业用地容积率应为 1.8—3.0,根据往年调查的校点平均水平,商业用地的规划容积率取 3.0。用下式计算容积率的修正系数:

$$k_r = v_{is}/v_i \qquad\qquad\qquad\qquad (式 4-20)$$

其中,v_{is} 表示某一区域某一用途规定容积率下单位面积平均地价;

v_i 表示某一区域某一用途在某一容积率时单位面积的平均地价;

k_r 表示容积率修正系数。

对于不同容积率情况下发生的交易地价,按下式将地价修正为规定容积率的价格:

$$v = k_r \times v_{li} \qquad\qquad\qquad\qquad (式 4-21)$$

式中,v 表示修正到规定容积率时的宗地价格;

k_r 表示时间容积率系数;

v_{li} 表示某一容积率下的宗地交易价格。

表 4-15   商业用地容积率修正系数表

Table 4-15   The correction coefficient of plot ratio of commercial land

容积率	≤1	1.7	2.0	2.2	2.6	2.8
修正系数	1.232	1.161	1,145	1.067	1.042	1.021
容积率	3.0	3.2	3.4	3.6	4.0	4.5
修正系数	1	0.974	0.968	0.877	0.869	0.822
容积率	5.0	5.5	≥6.0	—	—	—
修正系数	0.813	0.788	0.7	—	—	—

数据来源:计算得出。

修正后可得土地现时价值为 21566.93 元/ m^2,由于此价值已然是熟地价值,因此不用再扣除五通一平等开发成本,可得出地块 1 的土地发展权价值为:

$$25929.25 - 21566.93 = 4362.323 \text{ 元/ } m^2$$

2. 地块 2 估价。

地块 2 为武汉市洪山区马湖村 K1,K2,K3 地块,于 2009 年出让,用途为住宅用地,土地面积为 19.995 hm²,出让总价为 88300 万元,地块容积率为 2.97—3.24。

地块 2 至中南商场驾车时间为 26 分钟,至新世界百货汉阳店驾车时间为 34 分钟。距离最近的商业中心城区人口变动为 2.68 千人,距离第二近的商业中心城区人口变动为 3.38 千人。该地块的基准地价为商业住宅用地第Ⅲ级,即为 4664.08 元/ m²,还原后得土地年收益 153.17 元/ m²,根据式 4-17 可得土地最佳利用价值为 7339.99 元/ m²。

土地出让单价为 4416.10 元/ m²,需将其修正为 2011 年容积率为 2.0 的住宅用地价值。

根据式 4-18 及 4-20,同样得到住宅用地的交易期日和容积率修正表:

表 4-16　住宅用地交易时间修正系数表
Table 4-16　The correction coefficient of transaction time of residential land

交易时间	2002	2003	2004	2005	2006
修正系数	1.7	1.667	1.589	1.491	1.349
交易时间	2007	2008	2009	2010	2011
修正系数	1.269	1.189	1.111	1.083	1

数据来源:计算得出。

表 4-17　住宅用地容积率修正系数表
Table 4-17　The correction coefficient of plot ratio of residential land

容积率	≤0.5	1	1.4	1.6	1.8	2
修正系数	1.176	1.15	1.123	1.095	1.042	1
容积率	2.2	2.5	3	3.5	4	4.5
修正系数	0.949	0.915	0.894	0.864	0.841	0.832
容积率	5	5.5	≥6.0	—	—	—
修正系数	0.79	0.776	0.737	—	—	—

数据来源:计算得出。

根据式4-19及4-21,得到地块2土地现时价值为4386.22元/ m^2 ,由于此价值已然是熟地价值,因此不用再扣除五通一平等开发成本,可得出地块2的土地发展权价值为:

7339.99-4386.22=3013.77元/ m^2

3. 一般城区平均土地价值求取。

为了求取一般城区的平均土地价值,本书在一般城区范围内不同区位选取20个地块,分别计算其市地发展权价值,再以这20个地块的平均值求取一般城区土地发展权价值。加之一般城区实证分析中的地块1与地块2,求取其转为住宅用地的土地发展权价值,统一为容积率2.0,使用年限70年,住宅用地用途的土地发展权价值。具体的选点如图4-6所示:

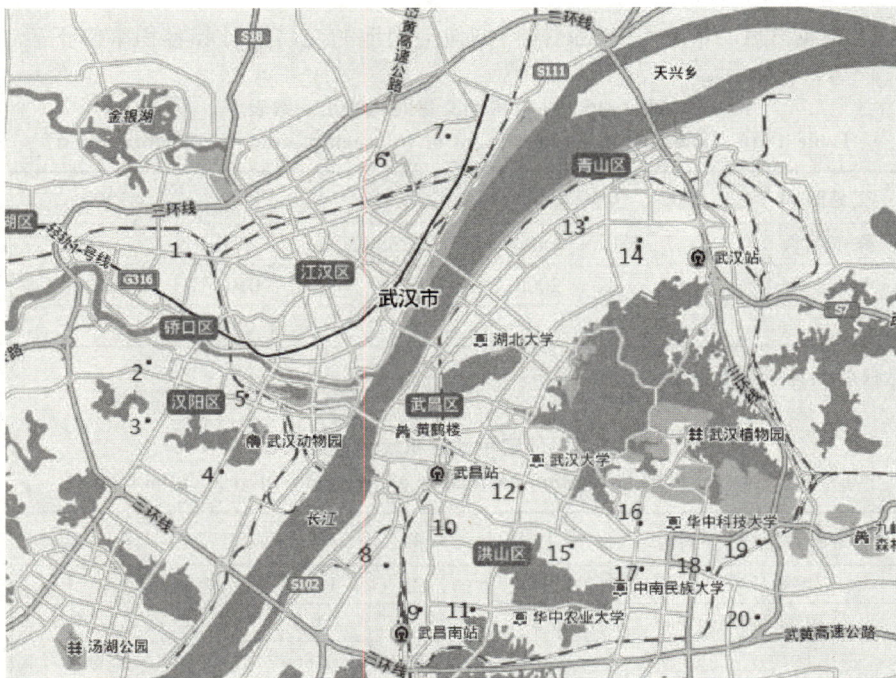

图4-6　一般城区市地发展权价值求取样点分布
Fig.4-6　Samples distribution in general urban land

图表来源:百度地图,样点由笔者自行标注。

　　分别测算 22 个地块距离最近的商业中心驾车时间 TT_1,距离第二近的商业中心驾车时间 TT_2,距离最近的商业中心人口增长 PC_1,距离第二近的商业中心人口增长 PC_2。并根据该地块的现行住宅用地基准地价水平来求取土地现时收入,具体数值如表 4-18 所示。

　　再根据表 4-18 中所示 22 宗地块的参数,求取各地块的土地最佳利用价值后,再根据土地现时利用价值,可求取各地块的土地发展权价值如表 4-19 所示。

表 4-18　一般城区市地发展权价值求取样点特征
Table 4-18　The characteristic data samples in general urban land

地块编号	距离最近的商业中心驾车时间（分钟）TT_1	距离第二近的商业中心驾车时间（分钟）TT_2	距离最近的商业中心人口增长（千人）PC_1	距离第二近的商业中心人口增长（千人）PC_2	土地现时收入 Ru（元/m²/年）
dk-1	16	25	2.68	5.71	123.33
dk-2	22	33	5.71	5.71	123.33
dk-3	16	25	5.71	3.38	123.33
dk-4	27	41	2.68	5.71	123.33
dk-5	13	24	2.68	5.71	153.17
dk-6	23	33	2.68	3.38	200.42
dk-7	28	39	5.71	3.38	200.42
dk-8	24	29	5.71	3.38	200.42
dk-9	19	35	5.71	3.38	280.53
dk-10	14	37	5.71	3.38	200.42
dk-11	30	46	2.68	3.38	280.53
dk-12	22	30	2.68	3.38	200.42
dk-13	27	39	2.68	3.38	153.17
dk-14	21	30	2.68	3.38	153.17
dk-15	14	29	2.68	3.38	153.17
dk-16	18	34	5.71	3.38	200.42
dk-17	8	23	5.71	3.38	200.42

地块编号	距离最近的商业中心驾车时间（分钟）TT$_1$	距离第二近的商业中心驾车时间（分钟）TT$_2$	距离最近的商业中心人口增长（千人）PC$_1$	距离第二近的商业中心人口增长（千人）PC$_2$	土地现时收入 Ru（元/m²/年）
dk-18	22	36	2.68	2.68	200.42
dk-19	26	37	3.38	2.68	200.42
dk-20	30	40	3.38	2.68	153.17
dk-21	26	34	2.68	3.38	153.17
dk-22	12	27	2.68	5.71	200.42

数据来源:《武汉市统计年鉴2011》,《武汉市2011年基准地价更新报告》。

表4-19　一般城区市地发展权价值
Table 4-19　The land development rights value in general urban land

（单位:元/m²）

地块编号	土地最佳利用价值 P$_{best}$	土地现时利用价值 P$_u$	土地发展权价值 PDR
dk-1	9011.04	3755.40	5255.64
dk-2	9168.53	3755.40	5413.14
dk-3	6556.09	3755.40	2800.69
dk-4	8365.40	3755.40	4610.00
dk-5	10731.89	4664.03	6067.87
dk-6	8411.74	6102.79	2308.95
dk-7	8759.49	6102.79	2656.70
dk-8	9009.63	6102.79	2906.84
dk-9	11519.97	8542.14	2977.83
dk-10	8806.33	6102.79	2703.54
dk-11	10585.99	8542.14	2043.86
dk-12	8534.59	6102.79	2431.80
dk-13	6604.81	4664.03	1940.79
dk-14	6962.62	4664.03	2298.59
dk-15	7004.36	4664.03	2340.34

续表

地块编号	土地最佳利用价值 P_{best}	土地现时利用价值 P_u	土地发展权价值 PDR
dk-16	8879.58	6102.79	2776.79
dk-17	9178.81	6102.79	3076.03
dk-18	6911.56	6102.79	808.77
dk-19	7000.32	6102.79	897.53
dk-20	5649.76	4664.03	985.73
dk-21	6792.91	4664.027	2128.883
dk-22	13260.91	6102.789	7158.121

数据来源：计算得出。

根据表 4-19 中所得的 22 宗地块的土地发展权价值估值,求算术平均值可得一般城区市地发展权价值为 3026.90 元/m^2。

（六）结论分析

1. 建立一般城区市地发展权定价模型。

本研究克服了土地发展权定价中土地未来收益难以预测这一难题。不仅得出了适合武汉市的一般城区市地发展权定价模型,也为我国的一般城区市地发展权定价确定了一个共同的理论基础,即这一理论也可以运用在其他区域,使得一般城区市地发展权制度在我国广泛实施消除了障碍。

2. 一般城区市地发展权价值占土地价值比重较大。

对于地块 1 和地块 2 的实证研究表明,一般城区发展权价值一方面绝对价值较高,另一方面其占土地价值的总额的比重也相对较高,这与James[1] 运用市场法对土地发展权进行定价所得出的结果是符合的。

3. 一般城区市地发展权价值呈非线性变动。

Dubin 和 Sung[2] 对于土地特征价格与到中心商业区距离之间的关系研

---

[1]　James C. Nicholas：*Transferable Development Rights in the Rural Fringe Area*,Working Paper,2003.

[2]　Dubin,R. A.,and C-H. Sung. Spatial Variation in the Price of Housing：Rent Gradients in Non-Monotonic Cities.*Urban Studies*,1987,24(3)：193-204.

究表明,土地特征价格与到中心商业区距离之间的关系是非线性的。文中
最终得出的土地最佳利用价值的定价公式同样是一个非线性的公式,表明
最终一般城区市地发展权的价值也呈非线性的变动。这是由于土地价值既
受到中心商业区正的辐射影响,也受到拥挤和噪声等的负面影响。这使得
本研究有别于以往对土地价值影响因素的线性的研究。

4. 一般城区市地发展权价值受至商业中心驾车时间、商业中心人口变
动及土地现时收入等的影响。

由以前的研究中我们得知,一般来说,旅行时间对于土地价值的影响是
很明显的。根据 Andrew[①] 在 2001 年的研究,一分钟的旅行时间的增加会
导致平均每英亩土地价值减少 8 美元到 32 美元。本书的各影响因素中,至
商业中心驾车时间同样对于土地价值的影响最为显著,对于一般城区市地
发展权价值亦是如此,并且是距离第二近的商业中心的驾车时间与土地价
值有着显著的负相关。商业中心的人口变动则与一般城区市地发展权价值
呈正相关关系,这是由于商业中心人口的增加给土地开发以更大的压力。
土地现时收入对于一般城区市地发展权价值的影响包括两个方面:土地现
时收入较高的地区一般有着较高的土地价值,这对一般城区市地发展权的
价值具有正面的影响;但较高的土地现时收入使得土地的现时价值增加,又
使一般城区市地发展权价值降低,这使得土地现时收入对一般城区市地发
展权的影响具有不确定性。另外,一般城区市地发展权价值还受到还原率
和开发成本的影响,与二者都呈反向相关关系。

本章对于中心城区与一般城区市地发展权价值进行定价。首先对市民
土地发展权价值评估问卷的数据进行了统计描述,并对影响市地发展权支
付意愿的因素进行了逐步回归分析,分析结果表明:年龄、性别与市地发展
权支付意愿呈正向相关,教育程度、政治面貌、收入与市地发展权支付意愿
呈反向相关。逐步加入对于市地发展权的认知变量后,土地发展权存在认

---

① Andrew J.P.& Douglas J.M,"Agricultural Value and Value of Rights to Future Land De-
velopment",*Land Economics*,2001,77(1)56~67.

知的变量、土地用途限制变量、土地容积率限制变量与土地开发时间限制变量亦与市地发展权支付意愿呈正向相关,其中政治面貌、土地用途限制变量、土地容积率限制变量与土地开发时间限制变量呈显著相关,性别呈比较显著相关关系。随后,我们对中心城区与一般城区的土地发展权价值进行计算。估算结果表明,中心城区市地发展权价值为 2559.32 元/m²,一般城区市地发展权价值为 2213.27 元/m²。

在本章的第二部分,考虑到市地发展权的实际运用需求,分别选用实物期权及实物期权与竞争性土地市场模型结合的方法来对中心城区与一般城区的土地发展权价值进行估算。建立估算模型的同时,也选取实证数据对具体的土地发展权价值进行求取。结果显示,中心城区平均点状市地发展权价值为 5373.58 元/m²,一般城区平均点状市地发展权价值为 3026.90 元/m²。

对比片状价值与点状价值的求值,可以得出:

1. 中心城区市地发展权绝对价值高于一般城区市地发展权价值,而一般城区市地发展权价值占土地最佳利用价值的相对比例则高于中心城区。这一方面由于中心城区的土地最佳利用价值高于一般城区;另一方面印证一般城区的土地发展权价值内涵广于中心城区,与本书第三章建立的土地发展权价值体系相呼应。

2. 中心城区与一般城区的点状估算价值高于片状估算价值。这是由于本研究中的片状调查采用的是受访者的最高支付意愿(WTP)来求取市地发展权价值,WTP 由于其特性,相对会偏低。

科学测算城市土地的发展权价值,对于充分彰显土地的实际价值,为市地交易、置换及旧城改造提供更为可靠的参考依据,起到积极的推进作用。然而土地发展权的运用不仅局限于此,在国际上更为通用和广泛的应用领域则在于"农地保护补偿""农地发展权转移"等方面。因此,在接下来的第五章中,我们通过发放农民问卷调查,对农地发展权的相关问题进行研究。

第五章　农地发展权价值估算

　　本研究中关于划分研究区域的假设表明,农地区域为选择权价值与用途转换价值骤减的区域,区域最佳利用方式从建设用地转为农用,因此区别于中心城区和一般城区的问卷设计方式,对农地发展权价值评估问卷设计不同的内容收集所需数据;分析农地发展权支付意愿的影响因素;最终,根据调查数据计算得到农地发展权价值。

第一节　调查抽样基本情况

　　根据第四章中设计问卷,问卷调查组于 2011 年 3 月以武汉市东西湖区、江夏区、黄陂区、汉南区作为调查区域,每区发放问卷 100 份,进行面对面式的问卷调查,共回收问卷 353 份,问卷回收率为 88.25%。

表 5-1　农地发展权调查样本点分布情况
Table 5-1　The distribution of farmland development right value survey samples

抽样区域	农民样本数量（人）
东西湖区	90
黄陂区	87
江夏区	91
汉南区	85
总　计	353

数据来源:调查统计。

一、受访农民的基本特征

调查中男性受访者多于女性受访者(如表5-2)。其中,男性受访者占样本总人数的68.07%;女性受访者占样本总人数的31.73%。在农村文化层次较低的情况下,男性对于土地价值比较关注,而且对自己种植经营情况了解程度较高,在男性处于主导地位的农村,男性更具有决策权。受访者年龄以41—50岁最多,占32.29%;其次为51—60岁,占25.21%。这是由农村的劳动力结构形成的,年轻人大多外出务工,年长者在家务农的则较多。文化程度分布为:未受教育23人,小学58人,初中139人,高中或中专113人,大专9人,本科10人,硕士1人。相比市民而言,农民受访者的教育程度相对较低,以小学至高中为主。政治面貌以无党派人士最多,占69.69%,党员占25.50%,共青团员较少,尚无民主党派人士。农民家庭年收入较市民偏低,其中1万—3万之间的收入分布最为普遍,家庭年收入在1万—2万之间的有87人,占总体受访者的24.65%;2万—3万之间的有98人,占总体受访者的27.76%,差异也较市民家庭年收入小。

表5-2　农民受访者基本特征情况

Table 5-2　The basic characteristics of farmer respondents

统计指标	分类指标	人　数	比　例(%)
性　别	男	241	68.27
	女	112	31.73
年　龄	<20岁	12	3.40
	21—30岁	50	14.16
	31—40岁	32	9.07
	41—50岁	114	32.29
	51—60岁	89	25.22
	>60岁	56	15.86

续表

统计指标	分类指标	人　数	比　例(%)
教育程度	未受教育	23	6.52
	小　学	58	16.43
	初　中	139	39.38
	高中、中专	113	32.01
	大　专	9	2.55
	本　科	10	2.83
	硕　士	1	0.28
	博　士	0	0.00
政治面貌	中共党员	90	25.50
	民主党派	0	0.00
	共青团员	17	4.82
	无党派	246	69.68
家庭年收入	1 万以下	35	9.92
	1 万—2 万	87	24.65
	2 万—3 万	98	27.76
	3 万—4 万	52	14.73
	4 万—5 万	24	6.80
	5 万—6 万	14	3.97
	6 万—7 万	8	2.27
	7 万—8 万	11	3.12
	8 万—9 万	12	3.40
	9 万—10 万	7	1.98
	10 万—20 万	4	1.13
	20 万—30 万	1	0.28
	30 万—50 万	0	0.00
	50 万以上	0	0.00

数据来源:调查统计。

二、受访农民对于土地发展权的认知情况

在分析农民对于土地发展权的支付意愿之前,首先分析农民对于土地发展权的认知情况。本问卷同样采用间接的方式,避免直接询问土地发展权这一相对晦涩的概念使受访者产生迷惑,影响到问卷的信度。

(1)对于农地所有权的认知。

农地发展权作为农地权利束的一支,根据第一章第二节的分析,可以知晓,农地发展权的初始所有者为农地所有者,并随用益权的转移而发生转移。因此农民对于农地所有权的认知对于其农地发展权支付意愿也应有一定的影响。

调查显示有 166 人认为农地属于农村集体所有,占受访者总数的 47.03%;有 98 人认为农地属于国家所有,占受访者总数的 27.76%;有 64 人认为农地属于自己所有,占受访者总数的 18.13%;有 25 人不知道农地的具体归属,占受访者总数的 7.08%。数据显示,正确认识农地归属的受访者不到受访者总数的一半,国家需要对于农民的法制意识进行科普,加强对于农民土地权益的保护。

表5-3　农民受访者对于农地归属认知

Table 5-3　The cognitive of farmer respondents for ownership of agricultural lands

农地归属	人　数	百分比(%)
国　家	98	27.76
农村集体	166	47.03
自　己	64	18.13
不知道	25	7.08

数据来源:调查统计。

(2)对于农地发展权存在的认知。

为了避免农地发展权这一专业名词造成受访者的理解困难,本研究中询问受访者"认为自己是否有权利改变农地的用途(包括改变种植方式、改

为建设用地等)"。调查显示,有213位受访者认为自己有权利改变农地的用途,即承认农地发展权的存在,占受访者总数的60.34%;102位受访者认为自己没有权利改变农地的用途,占受访者总数的28.90%;38位受访者不知道自己是否有权利改变农地的用途,占受访者总数的10.76%。可见有超过半数的受访者能够正确地认识到土地发展权的存在,为下一步的支付意愿询问奠定了基础。

(3)对于农地发展权的需求。

愿意为土地发展权进行支付的前提是受访者对于农地发展权有需求意愿,为了明确这一点,问卷询问受访者是否希望改变现有的土地用途(包括改变种植方式、改为建设用地等),如果受访者有此希望,则说明农地发展权具有需求。在访问过程中,有278位受访者表示希望改变现有的土地用途,占受访者总数的78.76%;62位受访者表示不希望改变现有土地用途,占受访者总数的17.56%;13位受访者表示无所谓是否改变现有土地用途,占受访者总数的3.68%。这一结果说明受访者有着强烈的改变现有土地用途的意愿,土地发展权的需求充足。

(4)对于现行农地保护补偿政策的认知。

对于现行农地保护补偿政策认知的调查能够了解受访者对于农地受限补偿的认知。其中有76人表示对于农地保护补偿非常了解,占受访者总数的21.53%;65人表示对于农地保护补偿比较了解,占受访者总数的18.41%;178人表示对于农地保护补偿不太了解,占受访者总数的50.42%;34人表示对于农地保护补偿完全不了解,占受访者总数的9.63%。可见受访者对于农地保护补偿政策的了解还不够清晰。

三、受访农民对于农地投入成本和产出效益的情况

调查中显示,除了2位承包大规模鱼塘的受访者外,其余351位受访者的农地面积都小于1.733公顷,其中以0.333公顷至0.667公顷之间的户均农地面积为最多,共有117位受访者,占总数的33.14%。

表 5-4　农民受访者每户农地面积

Table 5-4　Farmland area of farmer respondents

（单位：公顷）

农地面积	人　数	百分比（%）
≤0.133	56	15.86
0.133<N≤0.333	73	20.68
0.333<N≤0.667	117	33.14
0.667<N≤1.000	56	15.86
1<N	51	14.46

资料来源：调查统计。

　　调查中所得的不同农地类型的净收入并没有考虑农户自身的人工成本，根据《湖北省农村统计年鉴 2010》种植业产品单位用工数据来求取其人工成本。受访农户水田多以种植中稻为主，政府对中稻的粮食直接补贴每公顷 225 元。其他类型的耕作物种尚无直接补贴。武汉市 2010 年农地纯收益情况，如表 5-5 所示。

表 5-5　武汉市 2010 年农地年纯收益情况

Table 5-5　The state of net returns of agricultural lands in Wuhan in 2010

（单位：元/公顷）

农地类型		人工成本	产　值	补　贴	纯收入
水　田	均　值	3420.23	12568.17	225	9372.94
	标准差	—	10465.44	0	8304.85
旱　地	均　值	3202.56	9876.45	0	6673.89
	标准差	—	7896.25	0	3487.38
菜　地	均　值	6700.34	44367.56	0	37667.22
	标准差	—	32478.34	0	23895.45
园　地	均　值	5967.42	40987.37	0	35019.95
	标准差	—	27890.53	0	23467.89
水　域	均　值	5734.17	38790.67	0	33056.50
	标准差	—	23987.18	0	20946.75

资料来源：调查统计。

　　根据武汉市不同地类的农地面积,对农地年纯收益做加权平均,得出武汉市平均农地收益:

表5-6　武汉市2010年农地年平均纯收益
Table 5-6　Average net returns of agricultural lands in Wuhan in 2010

(单位:元/公顷)

土地分类	水　田	旱　地	菜　地	园　地	水域及水利 设施用地	平均纯 收益
面　积	150619.57	75852.06	506214.2	98003.58	255682.3	
收　益	9372.94	6673.89	37667.22	35019.95	33056.5	30256.4

资料来源:调查统计。

　　为了得知农地发展权价值我们需要测算地块的农地用途价值,利用收益法,以平均农地收入 3.03 元/ m^2 为收益额,以 30 年的土地承包经营期为收益年限。对于还原率的假定,一般采用的做法是银行一年期的存款利率加上风险利率以及通货膨胀率。风险利率受到众多因素的影响,包括决策人的风险偏好程度、开发的市场环境,以及资产开发类别的不同造成风险性的不同。因此,在不同的估计中,对于风险利率也应有合理的估计。通货膨胀率是为了考虑到消除在定价过程中通货膨胀造成土地的名义收益上升,对发展权的定价造成影响。因此,对于利息率值的选择,我们选用当年一年期的债券的票面利率。这是由于,票面利率=无风险真实利率+通货膨胀溢价+违约风险溢价+流动性溢价+期限风险溢价,其中,违约风险溢价+流动性溢价+期限风险溢价=风险利率。在此,我们采用 2010 年的中国一年期国债利率 2.85% 作为还原率。

　　一般的收益法的估价要求估价时点要精确到日。本书的定价运用的数据大多是一年内的统计数据,折现率等也是保持在一年范围内不变的,因此本书的估价时点仅精确到年,为 2010 年。

　　根据收益法折现得出农地的现时价值为 44.66 元/ m^2 。

第二节 影响受访农民支付意愿的因素分析

参考市地发展权支付意愿的影响因素,本书也提出相应的影响农民对于农地发展权支付意愿的影响因素,首先对这些因素的影响方向作一预先假设。进行具体分析后,对比所得结果中的实际影响方向与假设影响方向的异同,并分析其原因。

一、个体结构差异

与市民类似,在农民社区内,不同的社会人口统计和结构差异将会影响受访者对于农地发展权的支付意愿。例如:性别比例、年龄、教育水平等[①]。

1. 性别。

假设1:支付意愿与社区中女性的数量比例呈负相关。

虽然市地发展权问卷中得出市地支付意愿与性别呈反向相关,即市民受访者中女性对于市地发展权的支付意愿更高,但由于市民中的女性教育水平较农民高,女性参与家庭决策的机会也较农村女性更高。在农村中,家庭决策权多由男性运用,农村女性的教育程度、家庭地位都无法与市民女性相比较。因此仍然假设支付意愿与社区中女性的数量比例呈负相关,即女性对于农地发展权的支付意愿较低。

2. 年龄。

假设2:支付意愿与农民平均年龄成负相关。

不同于市民的假设,农村里年龄与收入不一定呈正相关。且年轻一代的农村居民所受到的教育更加完善,视野也较老一辈的农民更开阔,应对新兴事物的接受能力优于年纪较长者,因此假设二者呈负相关。

---

① 聂鑫:《农地城市流转中失地农民多维福利影响因素和测度研究》,博士学位论文,华中农业大学,2011年,第72—74页。

3. 教育。

假设 3：支付意愿与教育呈正相关。

与市民支付意愿的影响因素分析相同，有良好教育的人往往更有远见，在一定程度上对土地更加关注，能正确认识到农地发展权的价值。因此假设二者呈正相关。

4. 政治面貌。

假设 4：支付意愿与政治面貌呈正相关。

农村中党员数量较城市少，多为农村干部或政治上要求上进的农民，因此党员则较共青团员及无党派人士对于国家政策的了解程度更佳，更能对于土地发展权价值做出正确的判断，因此假设支付意愿与政治面貌成正相关。

5. 家庭收入。

假设 5：支付意愿与家庭收入呈正相关。

农村中，家庭年收入较高者更有能力对农地发展权价值进行支付，也更有投资意识。因此假设二者呈正相关。

二、对于农地发展权价值的认知

1. 对于农地所有权的认知。

假设 6：支付意愿与对于农地所有权的认知呈正相关。

调查显示，正确认识农地归属的受访者不到受访者总数的一半，而正确认知农地所有权才能正确认知农地发展权的价值，因此假设二者呈正相关。

2. 对于农地发展权存在的认知。

假设 7：支付意愿与对于农地发展权存在的认知呈正相关。

认识到农地发展权的存在才能更合理地对于农地发展权进行支付，因此假设二者呈正相关。

3. 对于农地发展权的需求。

假设 8：支付意愿与对于农地发展权的需求呈正相关。

根据市场价格理论,需求与价格呈正相关,同理对于农地发展权的需求越高,对于其支付意愿也越高。

4.对于现行农地保护补偿政策的认知。

假设9:支付意愿与对于现行农地保护补偿政策的认知呈正相关。

对于现行农地保护补偿政策的认知程度体现农民对于政策及农地受限价值的敏感程度,假设对于现行农地保护补偿政策的认知越清楚,对农地发展权支付意愿较高。

三、农地收入产出因素

假设10:支付意愿与农地现时价值呈负相关。

农地发展权支付意愿与农地现时价值的关系较为复杂,一方面农地纯收入较高,农地的现时价值就较高。而根据农地发展权的基本定价公式,农地发展权价值等于土地最佳利用价值减去农地的现时价值及转换成本。当农地现时价值较高时,相应的农地发展权价值会降低。另一方面农地现时价值较高的地块一般都是鱼塘及菜地,根据杜能的农业区位理论可以得知,种植蔬菜等收益较高的地块多分布在离城市中心较近的区域,也就是地价较高的地区。因此农地纯收入也可能与农地发展权价值呈正相关。但从农民的角度来说,当农地收益较少时他们更倾向于改变农地的用途,对于农地发展权的支付意愿就越高,因此假设支付意愿与农地现时价值呈负相关。

表 5-7　支付意愿模型中变量定义及对因变量的预期方向(农民)

Table 5-7　Definition and expected direction of dependent variables(peasants)

变量	变量说明	变量取值	预期方向	变量类型
sex	性　别	男=1,女=0	+	虚拟变量
age	年　龄	按实际年龄	−	连续变量
edu	受教育程度	未受教育=1,小学=2,初中=3,高中(中专)=4,大专=5,本科=6,硕士=7	+	虚拟变量
pol	政治面貌	无党派=1,团员=2,中共党员=3	+	虚拟变量

续表

变量	变量说明	变量取值	预期方向	变量类型
inc	受访者家庭收入	收入/10000	+	连续变量
X_1	对农地所有权的认知	不知道=1,属于国家=2,属于自己=3,属于农村集体=4	+	虚拟变量
X_2	农地发展权存在的认知	不知道=1,没有=2,有=3	+	虚拟变量
X_3	农地发展权的需求	没有=1,无所谓=2,有=3	+	虚拟变量
X_4	现行农地保护补偿政策的认知	完全不了解=1,不太了解=2,比较了解=3,非常了解=4	+	虚拟变量
X_5	农地现时价值	每平方米农地价值/10	−	连续变量

数据来源:笔者对变量进行赋值。

表 5-8 支付意愿变量赋值情况

Table 5-8 Variable discription and value of WTP

变量名称	变量取值
因变量:支付意愿	不愿意=0 愿意支付=1

数据来源:笔者对变量进行赋值。

第三节 假设检验

对于二分变量的分析,Logistic 回归是最常用的分析[1],本研究是农民对农地发展权价值的支付意愿问题,只有愿意或者不愿意两种行为,即为一般的二分式的 Binary Logistic。因变量与自变量之间的关系是非线性的,虽然可以通过一定的形式转换,但这种原始的非线性,不可直接用线性回归。因变量取值为 0,1 两个离散值,不适宜直接作为回归模型的因变

——————

[1] 马爱慧:《耕地生态补偿及空间效益转移研究》,博士学位论文,华中农业大学,2011年,第94—96页。

量,而可以表示在自变量为某一数值情况下因变量的概率的问题。$E(Y) = P = \beta_0 + \beta_1 x_1 + \beta_2 x_2 + \beta_3 x_3 + \cdots + \beta_k x_k$,因此,Logistic 回归方程可以表示为:

$f(p) = \dfrac{e^p}{1+e^p}$,e 为指数函数 对 f(p)作 Logit 变换后,y(p)的对 X 的线性关系可以表示为:

$y_i^* = x_i \beta + u_i^*$,i = 1,2

y_i^*,x_i,β,u_i 分别为模型的被解释变量(0,1 取值)、解释变量、估计参数和随机误差项。根据研究的目标,农地发展权的支付意愿为被解释变量,即因变量,而影响支付意愿的内外因素为解释变量,即自变量。基于前文的理论假设与分析,农民支付意愿归纳成为函数的理论模型为:支付意愿=F(影响因素)+随机扰动项。

本研究利用 SPSS19.0 统计软件,对调查整理的横截面数据进行了 Logistic 回归处理。在回归时,采用 backward conditional 回归方法。首先将所有具有影响的自变量都代入模型中进行回归检验,根据研究结果对因变量影响中不显著的自变量进行自动剔除,继续进行检验,直到自变量对因变量影响的检验结果基本显著为止。最后对检验结果进行筛选,得出符合条件的统计结果。回归结果的 Logistic 回归模型拟合检验的极大似然估计值为378.432,最终回归结果的模拟效果不错,具有一定的可信度,具体回归结果如表 5-9 所示。

表 5-9 农地发展权支付意愿的 Logistic 模型估计结果
Table 5-9 The results of WTP for farmland development right using logistic model

变 量	含 义	回归系数(B)	标准差(S.E)	自由度(df)
α	常数项	−2.456 *	0.591	1
sex	性 别	0.142 *	0.237	1
age	年 龄	−0.218 *	0.13	1
edu	受教育程度	0.367 **	0.023	1

续表

变　量	含　义	回归系数（B）	标准差（S.E）	自由度（df）
inc	受访者家庭收入	0.135 *	0.056	1
X_2	农地发展权存在的认知	0.276 **	0.022	1
X_3	农地发展权的需求	0.326 ***	0.136	1
X_5	农地现时价值	-0.826 ***	0.228	1

注："*""**""***"分别表示统计检验达到10%、5%和1%的显著水平。
数据来源：调查统计。

根据表5-9，可以得到X_3（农地发展权的需求变量）与X_5（农地现时价值变量）对于农地发展权支付意愿有极其显著的影响。edu（受教育程度变量）与X_2（农地发展权存在的认知变量）对农地发展权支付意愿有较显著影响。α（常数项）、sex（性别变量）、age（年龄变量）与inc（受访者家庭收入变量）对农地发展权支付意愿有显著影响。

其中对农地发展权的需求与农地发展权支付意愿呈正向相关，相关系数为0.326，即对于农地发展权需求较高的受访者更愿意对农地发展权进行支付。符合初始的假设。

农地现时价值与农地发展权支付意愿呈反向相关，相关系数为-0.826，即拥有较高农地现时价值的受访者更不愿意对农地发展权进行支付。这是符合初始的假设的。

受教育程度与农地发展权支付意愿呈正向相关，相关系数为0.367，即受教育程度较高的受访者更愿意对农地发展权进行支付。这与初始假设相符合。

农地发展权存在的认知与农地发展权支付意愿呈正向相关，相关系数为0.276，即认识到农地发展权存在的受访者更愿意对农地发展权进行支付。这与初始假设相符合。

性别与农地发展权支付意愿呈正向相关，相关系数为0.142，即男性受访者更愿意对农地发展权进行支付。这与初始假设相符合。

年龄与农地发展权支付意愿呈反向相关,相关系数为-0.218,即年纪较小的受访者更愿意对农地发展权进行支付。这与初始假设相符合。

受访者家庭收入与农地发展权支付意愿呈正向相关,相关系数为0.135,即家庭收入较高的受访者更愿意对农地发展权进行支付。这与初始假设相符合。

另外在农村中,政治面貌之间的差别并不像城市那么明显,党员及共青团员的数量也比城市少,因此政治面貌变量对于农地发展权支付意愿影响并不显著。而对于农地所有权的认知及对于现行农地保护补偿政策的认知也不构成对于农地发展权的直接影响,因此其影响也并不显著。具体如表5-10所示。

表 5-10　非显著自变量对农地发展权支付意愿的影响
Table 5-10　Influence of non-significant variables on WTP for farmland development rights

变　量	含　义	系数作用方向	显著性
pol	政治面貌	+	0.738
X_1	对农地所有权的认知	+	0.610
X_4	现行农地保护补偿政策的认知	+	0.820

数据来源:调查统计。

第四节　农地发展权价值的测算

实地的农地发展权价值的调查中考虑到农民认知和接受的局限,将WTP方法的支付单位采用元/亩/年,但在实际计算中则运用国际计量单位,转换为元/m²/年。在得到每年每平方米的支付意愿大小后,还需剔除农地承包期限对于农民支付意愿的影响。最后,估算出农地发展权的价值。

一、农地发展权支付意愿分布

对于农地发展权的支付意愿以 10.5 元/m²/年到 13.5 元/m²/年之间

分布最多,有 161 人的选择落在此区间,占总数的 45.61%。其余从低于 1.5 元/m²/年到高于 31.5 元/m²/年不等。

表 5-11　农地发展权支付意愿分布区间

Table 5-11 The distribution range of WTP for farmland development rights

（单位:元/m²/年）

农地发展权支付意愿	人　数	百分比(%)
N<1.5	3	0.85
1.5<N≤3	2	0.57
3<N≤4.5	4	1.13
4.5<N≤6	7	1.98
6<N≤7.5	15	4.25
7.5<N≤9	39	11.05
9<N≤10.5	55	15.58
10.5<N≤12	78	22.10
12<N≤13.5	83	23.51
13.5<N≤16.5	43	12.18
19.5<N≤22.5	12	3.40
22.5<N≤25.5	5	1.42
25.5<N≤28.5	4	1.13
28.5<N≤31.5	1	0.28
31.5<N	2	0.57

数据来源:调查统计。

二、农地发展权支付意愿估算

353 份农地发展权价值评估问卷中,平均支付意愿为 12.58 元/m²/年, 标准差为 24.5673。

表 5-12　农地发展权支付意愿描述统计量

Table 5-12 The statistics of WTP for farmland development rights

	N	极小值	极大值	均　值	标准差
Y	353	0.75	35	12.58	24.5673
有效的 N(列表状态)	353				

数据来源:调查统计。

三、农地发展权价值计算

根据调查得知的农地发展权平均支付意愿,利用收益还原法,根据 6.1.3 中求得的农地现时价值的还原利率及受益期限,得到武汉市农地发展权价值为:185.42 元/m²。

本章对农民土地发展权价值评估问卷的数据进行挖掘,并对影响农地发展权支付意愿的因素做了分析,结果表明,农地发展权的需求、农地现时价值对于农地发展权支付意愿有极其显著的影响。受教育程度与农地发展权存在的认知对农地发展权支付意愿有较显著影响。性别、年龄与受访者家庭收入对农地发展权支付意愿有显著影响。政治面貌、对农地所有权的认知及现行农地保护补偿政策的认知对农地发展权支付意愿没有显著影响。在影响显著的变量中,农地发展权的需求、农地发展权存在的认知、受教育程度、性别及受访者家庭收入与农地发展权支付意愿呈正向相关,农地现时价值和年龄与农地发展权支付意愿呈反向相关。在分析了农地发展权支付意愿影响因素后,估算武汉市农地发展权评价支付意愿,得出结果为 12.58 元/m²/年。据此进一步对武汉市农地发展权价值做估算,得出结果为 185.42 元/m²。农地发展权价值比中心城区及一般城区的土地发展权价值要低,这是由于农地的区位及土地收益远不如中心城区及一般城区的土地。

由于农地的征收或保护大多成片进行,因此对于农地发展权价值的确认也大多以某一片区为单位。当某一片区发生农地征收及保护补偿时,使用 CVM 法确定农地发展权价值不失为一种既体现农地发展权价值,又兼顾农民自身利益的方法。确定不同区域的土地发展权价值后，本书试图分析土地发展权的具体转移，在接下来的第六章中，笔者将建立土地发展权的转移模型，分析土地发展权建立对于土地开发的具体影响。

第六章 土地发展权的空间转移

　　土地发展权的具体运行主要表现为两种方式,可购买发展权与可转移发展权。其中可购买发展权的运行主体主要是政府和农地保护组织。由于购买土地发展权而对土地进行保护这一方法的成本较高,实施者所需的基金量较大,因此实施起来有一定的阻碍。可转移发展权通过保护成本向建设用地开发者的转移来实现对土地的保护。Mill[1] 认为,尽管分区理论和各区域的不同规划也许会提高效率,有时亦提高了土地的价值,但这些增值通常由于土地所有者的寻租行为而消失。对于土地所有者来说,分区允许更高密度的开发,会导致该地块地租的上升,这就刺激了土地所有者花费资源在寻求引致更高价值土地利用的分区上。可转移发展权市场可以通过使各个土地所有者能公平地获得发展权来抑制这样的寻租行为。因此本书中对于土地发展权的运行分析也仅针对可转移发展权的分析。

　　可转移发展权项目对于开发的调控和农地保护的有效性在理论界已经达成一定的共识。但实际运用在我国还处于探索阶段,有关制度设计和实施仍有诸多缺陷。现有的土地发展权的转移项目可以分类为不同的模式,其中包括:建设用地指标跨省转移的浙江模式[2]、政府向农民租地的广州模式[3]

---

　　[1]　Mills, David E.1989, "Is Zoning a Negative Sum Game?", *Land Economics*, 65(1):1–12.

　　[2]　参见汪晖、陶然:《论土地发展权转移与交易的"浙江模式"——制度起源、操作模式及其重要含义》,《管理世界》2009 年第 8 期。

　　[3]　参见刘国臻:《论美国的土地发展权制度及其对我国的启示》,《法学评论》2007 年第143(3)期。

和城乡土地地票交易的重庆模式等①。这些模式的运作对于农地及生态用地的保护起到了积极作用,并实现了保护成本的转移,但在开发的转移上囿于开发面积的水平转移,未能实现开发密度在空间意义上的转移,且项目运作的出发点多为如何平衡建设用地占用指标,而非对农地及生态用地的保护。值得注意的是,对于可转移发展权设立后开发量变化的影响分析尚无人涉及。这是由于我国的可转移发展权项目多局限于土地开发面积的平面转移②,因此对于开发量进行估算没有代表意义,而即使有真正意义上的土地发展权空间转移制度③,论述也较为概略,且对于可转移发展权项目的需求区与供给区选取的分析尚未展开,对于开发量的分析也尚未涉及。

在对可转移发展权项目实施的分析中,重要的一点就是对于供给区与需求区的开发量的预测,这一方面由于可转移发展权项目实施效率不佳最主要的原因就是需求不足④;另一方面在于部分学者认为可转移发展权项目暗含促进开发的实际意义,这会使得设置可转移发展权后,开发量的总体增加,以及需求区的过度开发,导致现有的基础设施难以承载这一开发密度的增加,从而产生交通的拥挤、生活的不便等负面效应⑤。因此可转移发展权项目在我国的实施中也必须针对其对于开发量的影响进行分析,以避免在项目运行中出现过度开发及需求不足。本章运用博弈论的思想,构建可转移发展权项目需求区与供给区的开发量预测模型,选定武汉市洪山区作为具体的可转移发展权实施区域,并求取其开发的转移量,验证可转移发展权对开发的影响。

---

① 参见张鹏、刘春鑫:《基于土地发展权与制度变迁视角的城乡土地地票交易探索——重庆模式分析》,《经济体制改革》2010 年第 5 期。

② 参见陈佳骊、徐保根:《基于可转移土地发展权的农村土地整治项目融资机制分析——以浙江省嘉兴市秀洲区为例》,《农业经济问题》2010 年第 10 期。

③ 参见孙弘:《中国土地发展权研究:土地开发与资源保护的新视角》,中国人民大学出版社 2004 年版。

④ Elizabeth K., Virginia M. and Margaret W., " Making Markets for Development Rights Work:What Determines Demand?", *Land Economics*,2008,84(1):1–16.

⑤ Arik Levinson., " Why Oppose TDRs? Transferable Development Rights Can Increase Overall Development", *Regional Science & Urban Economics*,Vol.283,No.27. May 2000.

第一节 土地发展权空间转移的理论分析

土地开发量的最终结果是一个多方博弈的过程[1]，在可转移发展权项目的供给区与需求区也同样如此。其中不同相关利益者对于开发量的最佳选择有所不同，因此对可转移发展权项目作以下假设：需求区与供给区土地分属不同土地所有者，需求区的土地收益较高，总的面积为 A_1，供给区的土地收益较低，总面积为 A_2。总的开发量为 $D = \sum_{i=1}^{m} a^i h^i + \sum_{i=m+1}^{N} a^i h^i$，$h^i$ 是地类 i 上的建筑密度，$a^i h^i$ 是地类 i 上的楼面面积。需求区楼面收益为 $r_1(D_1)$，供给区楼面收益为 $r_2(D_2)$，$r_1(D_1) > 0$，$r_2(D_2) > 0$，且 $r_1(D_1) > r_2(D_2)$，每一类土地的收益 r_i 都是该地类开发密度 D_i 的递减函数，建筑物的单位面积的成本为 $c(h)$，是建筑高度 h 的函数，与土地类型无关且 $c'(h) > 0$，即建筑物单位成本随高度的增加而递增。假设政府决策者拥有完全信息，可以区别不同条件的土地，并做出不同的限制。

一、完全信息下未设置可转移发展权项目时开发量估算

对于可转移发展权项目的开发量的估算，必须区分不同相关利益的选择。本书将相关利益者分为两类：一类是开发者，其中包括房地产开发者，一定程度上也包括地方政府，对于开发者的假设是其仅仅追求自身利益的最大化；另一类是政府决策者，主要指中央政府，他们追求的是社会总利益的最大化[2]。

（一）完全信息下开发者的最佳选择

对于开发者而言，他们追求的目标是自身利益的最大化，并不考虑自己

---

① 参见刘吉军、许实、马贤磊、陈健：《土地非农化过程中的博弈关系》，《中国土地科学》2010 年第 6 期。

② 汪乐勤、孙佑海：《经营性土地出让中的博弈分析》，《中国土地科学》2007 年第 21 期。

行为对于其他人造成的外部性。因此，个体开发者的选择可以表示为：

$$\max_{\{h^i\}} \pi^i = r_j(D_i) a^i h^i - c(h^i) a^i h^i \qquad （式6-1）$$

如果开发者拥有第 i 类的土地时，j=i，这一问题的最优解为

$$r_j = c(h^i) + c'(h^i) h^i \qquad \forall j = 1,2 \qquad （式6-2）$$

此时，每个开发者都会增加开发密度直到边际成本等于边际效益为止，即满足式6-2。由于仅有两种土地，在此基础上形成两种均衡规模：$h_1^{\hat{}}$ 和 $h_2^{\hat{}}$，总的不受限时的开发量为 $D^{\hat{}} = h_1^{\hat{}} A_1 + h_2^{\hat{}} A_2$，由于 $r_1(D_1) > r_2(D_2)$，并假设成本函数为常数，可得 $h_1^{\hat{}} > h_2^{\hat{}}$。

（二）完全信息下政府决策者的最佳选择

对比开发者的短视行为，政府决策者的决策更注重全社会的总体利益，假设不动产价格具有完全弹性，并且开发的过程中不会形成消费者剩余，政府决策者的目标是开发者的总利益的最大化。

$$\sum_{i=1}^{N} \pi^i = \sum_{i=1}^{m} \left[r_1\left(\sum_{j=1}^{m} a^j h^j + \sum_{j=m+1}^{N} a^j h^j \right) a^i h^i - c(h^i) a^i h^i \right]$$
$$+ \sum_{j=1}^{N} \left[r_2\left(\sum_{j=1}^{m} a^j h^j + \sum_{j=m+1}^{N} a^j h^j \right) a^i h^i - c(h^i) a^i h^i \right] \qquad （式6-3）$$

这一问题的最优解为：

$$r_1(D_1) + r_1'(D_1) \sum_{i=1}^{m} a^i h^i + r_2'(D_2) \sum_{i=m+1}^{w} a^i h^i = c(h^k) + c'(h^k) h^k \quad \forall k = 1 \cdots m$$

$$r_2(D_2) + r_1'(D_1) \sum_{i=1}^{m} a^i h^i + r_2'(D_2) \sum_{i=m+1}^{w} a^i h^i = c(h^k) + c'(h^k) h^k \quad \forall k = m+1 \cdots N \qquad （式6-4）$$

可以得出政府决策者应该给每块地不同的限制，这样可以减少过度开发导致的外部成本，即需要制定一个给需求区高收益地产的高度土地 h_1^* 和一个供给区低收益土地的高度限制 h_2^*，由于 $r_1(D_1) > r_2(D_2)$，有 $h_1^* > h_2^*$，联立等式（6-4）和等式（6-2）可得：

$$r_1(D_1{}^*) + r_1'(D_2{}^*)D_1^* + r_2'(D_2^*)(D_2^*) = c(h_j{}^*) + c'(h_j{}^*)h_j^*$$

（式6-5）

由于 $D_1^* = h_1^*A_1$，$D_2^* = h_2^*A_2$，并且式(6-5)左边的第三项和第二项为负，有：

$$r_j(D^*) > c(h_j{}^*) + c'(h_j{}^*)h_j^*$$

（式6-6）

等式(6-6)表示在 h^* 密度时，开发者在供给区与需求区都不能达到利益最大化，希望能够进行更大密度的开发。

二、不完全信息下未设置可转移发展权项目时开发量估算

现实生活中，政府一般无法获得关于土地条件以及外部性等的完全信息，因此，也就无法做出对于各类型土地的合理的高度限制的设定，因此政府只能采用为所有类型的土地制定一个统一的高度限额 h^-，令 $h^- = D^*/A$，D^* 是适宜的总开发额。A 是城市中的总土地面积，h^- 是 h_1^* 和 h_2^* 的加权平均，两种类型土地的面积分别为 A_1 和 A_2，即

$$h^- = \frac{(A_1h_1^* + A_2h_2^*)}{(A_1 + A_2)} \qquad h_1^* > h^- > h_2^*$$

（式6-7）

根据这一规划限制可以得出城市开发者的最佳选择为：

$$\max_{\{h^-\}} W^- = \sum_{i=1}^{m} \left[r_1 \left(\sum_{j=1}^{m} a^j h^- + \sum_{j=m+1}^{w} a^j h^- \right) - c(h^-)a^i h^- \right]$$
$$+ \sum_{i=m+1}^{N} \left[r_2 \left(\sum_{j=1}^{m} a^j h^- + \sum_{j=m+1}^{N} a^j h^- \right) a^j h^- - c(h^-)a^i h^- \right]$$

（式6-8）

求导得：$\dfrac{A_1[r_1 + r_1'D^-] + A_2[r_2 + r_2'D^-]}{A} = c(h^-) + c'(h^-)h^-$

（式6-9）

由于 $D^- = Ah^-$，因此运用这一方法进行限制时，除了限制高度的不同外，总体的开发密度也有所不同。

由于 $h_1^* > h^- > h_2^*$，因此对于类型一的土地来说，其所有者无法将其利

用到规划最优值 h_1^* ,而对于类型二的土地来说,其所有者仅愿意将其开发至 $\hat{h_2}$,即消费者最优选择(当 $\hat{h_2} < h^-$),若 $\hat{h_2} > h^-$,则开发至 h^- 。这样,当 $\hat{h_2} < h^-$ 时,不完全信息基础上的统一规划限制下的土地开发总量 D^- 小于完全信息基础上的统一规划限制下的土地开发总量 D^* ,当 $\hat{h_2} < h^-$ 时,不完全信息基础上的统一规划限制下的土地开发总量 D^- 等于完全信息基础上的统一规划限制下的土地开发总量 D^* 。

三、不完全信息下可转移发展权市场实施的影响

当不完全信息基础上的统一规划限制下的土地开发总量 D^- 小于完全信息基础上的统一规划限制下的土地开发总量 D^* 时,通过可转移发展权政策的实施,可以通过转移类型二区闲置的发展权至类型一区,以提高类型一区的开发密度。当 $A_2(h^- - \hat{h_2}) > A_1(h_1 - h^-)$ 时,城市土地开发总量达到 $D^{\wedge}$;当 $A_2(h^- - \hat{h_2}) > A_1(h_1^* - h^-)$ 时,城市土地开发总量达到 D^* ;当 $A_2(h^- - \hat{h_2}) < A_1(h_1^* - h^-)$ 时,城市土地开发总量小于 D^* 。

当土地开发总量为 D^- 时,土地开发的总量达到最小,但是若 $\hat{h_2} < h^-$ 时,有 $D^- < D^*$,但由于类型二的土地无法开发至规划最佳开发高度,因此,所造成的社会成本的损失为 $r_2 A_2(h^- - h_2^*) - c(h_2)h_2$ 。

设置可转移发展权项目可以有效地消弭开发者与政府决策者最优解之间的冲突,具体的开发量转移方式如图 6-1 所示。

图中 A 和 B 分别代表需求区与供给区在规划限制下的基准开发密度。E+C+A 和 D+B 分别指需求区与供给区的开发者的最优开发密度,在设立可转移发展权项目后,供给区的超出规划限制的开发部分 D 转移至需求区形成可以突破限制的开发密度 C,因此最终的需求区的开发量为 A+C,供给区的开发量为 B,发生的开发量转移为 C=D。

本书中当统一规划限制下的土地开发总量 D^* 小于开发者的最佳选择 $\hat{D}$ 时,通过可转移发展权项目的实施,可以转移供给区无法实现的发展权至需求区,以提高需求区的开发密度。因此有需求区密度增加到 $h_1^{\cdots} =$

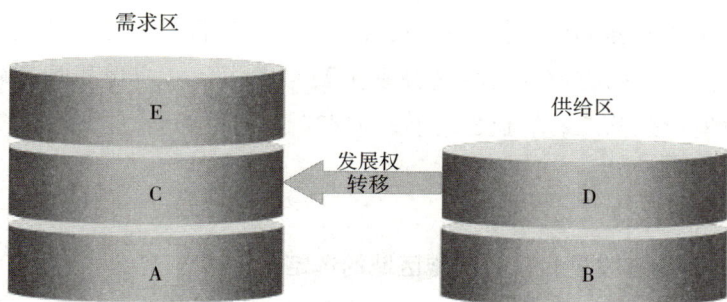

图 6-1　可转移发展权从供给区向需求区转移示意图
Fig.6-1　Transferable development right transfer
from sending zone to receiving zone

$(h_2^{\hat{}} - h_2^*)A_2/A_1 + h_1^*$，供给区密度保持为 $h_2^{\cdots} = h_2^*$，总开发密度 $D^{\cdots} = h_1^{\cdots}A_1 + h_2^{\cdots}A_2$。

第二节　土地发展权空间转移的实证分析

对于可转移发展权项目机制设计的研究在国外较多,通过对现有文献的梳理,我们认为可转移发展权项目的运行必须具备 4 个要素:第一,供给区;第二,需求区;第三,售出发展权的量化;第四,转移的程序[1]。因此设置可转移发展权项目的第一步是选定项目的需求区与供给区[2]。适合作为供给区的土地包括:环境保护区、开敞空间、农业区、历史和文化区等,供给区受保护的地类应集中连片且有较高的质量。而对美国的可转移发展权

---

[1]　Jeffrey H.Dorfman,Jorge H.Atiles,Jamie Baker Roskie,"The Feasibility of a Transferable Development Rights Program for Athens-Clarke County, Georgia", *Athens-Clarke County Planning Department*,2005,2.

[2]　Virginia Mcconnell,Elizabeth Kopits,Margaret Walls,"How Well Can Markets for Development Rights Work? Evaluating a Farmland Preservation Program/Resources for the Future", *Discussion Paper*,March 2003.

项目绩效进行分析可知,供给区的开发压力较大时,发展权的转移效率较高,需求区也同样如此,这是由于可转移发展权项目最为普遍的问题就是需求不足。因此,在需求区的选择上主要考虑:第一,应选择具有较大开发潜力的区域;第二,基础设施建设的配套是否能够承载土地开发密度的增加。

一、可转移发展权项目实施区域的选定

可转移发展项目的运作由于土地位置的不可移动性,通常都以区域性的土地发展权项目的实施进行,以县为整体单位,以村镇为次级单位①。虽然存在跨市区、跨省甚至国际间的可转移发展权转移,但是我国类似可转移发展权实施时间尚短,基于管理上及区域平衡上的考虑,可转移发展权项目的供给区与需求区应在空间距离及经济距离上较为接近,并处于尽量小的同一行政区划内。国务院于2008年9月10日对于"武汉城市圈"综改方案的批复中指出,允许在"武汉城市圈"内进行跨市占补平衡②,这给予了可转移发展权运行的空间。因此本研究的实证区域范围选择在"武汉城市圈"内。其中武汉市在"武汉城市圈"中城市化水平最高,处于快速城市化阶段,土地开发的压力最大,符合可转移发展权项目的实施要求,据此进一步缩小选择范围为武汉市。

武汉市包括7个主城区、6个远城区及2个高新开发区,根据武汉市全国第二次土地调查的初步数据,洪山区、新洲区与黄陂区的耕地减少及建设用地增加较为急剧,表明这些城区土地开发及耕地占用压力较大。而洪山区属于主城区,新洲区与黄陂区属于远城区,就交通便利程度,土地开发水平及基础设施完善程度而言,洪山区高于其他二区,更符合可转移发展权项目实施的选址要求。因此,选定武汉市洪山区作为可转移发

① 参见张安录:《城乡生态经济交错区土地资源可持续利用与管理研究》,博士学位论文,华中农业大学,1999年,第106—110页。
② 原卿章:《武汉城市圈综改方案获国务院正式批复》,2008年9月,(http://news.qq.com/a/20080918/ 000107. htm)。

展权项目的实施区域。

二、可转移发展权项目实施区域的介绍

洪山区位于武汉市东南部,依境内有洪山而得名。地理位置东经 114°
7′~114°38′,北纬 30°28′~30°42′。洪山区有城有乡,是典型的二元结构城
区。行政区内有 8 个街道办事处,126 个建成社区;以及 5 个乡镇,141 个行
政村。中心城区面积 90 km²,农村面积 480 km²,有 68.7 万城区人口,13.9
万农村人口①。洪山区道路交通极其便利,地理区位优势明显。过去的五
年中,洪山区社会经济持续快速增长,实现了经济跨越式发展,主要经济
指标"翻番",经济实力大大增强。其中,2010 年全年全区实现生产总值
460 亿元。城镇居民人均可支配收入 20914 元;农民人均纯收入 10119
元。三次产业比重为 1.2∶38.3∶60.5。工业经济快速递增。全年完成
工业总产值 425 亿元;完成规模以上工业增加值 105 亿元。全年完成固
定资产投资 240 亿元(区域托管后完成数);工业投资不断提高,完成 30
亿元②。

三、可转移发展权项目需求区与供给区的选定

土地发展权转移项目的设计目标以保护农地为主,兼调控开发。因此
土地发展权转移项目的供给区选取为洪山区 5 个乡镇的基本农田,这是由
于基本农田一般以乡为单位,集中连片程度、农地的质量、农田基础设施都
较好。本项目的需求区为洪山区 8 个街道的住宅用地,因为住宅用地的开
发密度一般较高,相应的对于可转移发展权的需求较强,适合作为需求区。
具体需求区与供给区面积如表 6-1 所示:

---

① 资料来源为洪山区统计年鉴 2006—2011。
② 洪山区改革与发展委员会"关于洪山区 2010 年国民经济和社会发展计划执行情况
及 2011 年计划草案的报告",http://fgw.hongshan.gov.cn/fgw/fzgh/1_6757/。

表 6-1　需求区与供给区面积

Table 6-1　Area of receiving zone and sending zone

区　域	需求区	供给区
地　类	住宅用地	基本农田
面　积	3068 hm²	7325 hm²

数据来源:湖北省全国第二次土地调查初步数据。

四、实证分析——以武汉市洪山区为例

这一部分根据已选定的土地发展权转移项目需求区与供求区的实地情况,以及已构建的开发量预测模型,测算供给区与需求区在设置可转移发展权的开发量转移,以期直观地体现可转移发展权设置对于开发的影响,并验证其会导致过度开发的结论是否正确。

(一)参数取得

具体的参数求取根据模型的假设,需要求取建筑成本与开发密度之间的关系及开发收益与开发量之间的关系。但在实际中简单地选取2变量之间的相关显得比较武断,但受到数据选择及模型分析的限制,本研究中通过尽量选取比较长时间段,且细分时间段的数据来规避这一误差。

测算开发量首先需求取建筑成本的函数,根据表 6-2 的武汉市不同楼层平均建筑成本,运用 SPSS19.0 作线形回归分析得建筑成本 $c(h)$ 和楼层高度 h 之间的线性关系为: $c(h) = 25.43h + 680$,可知建筑成本随建筑楼层的高度而增加。

为得到需求区与供给区的开发收益与开发量之间的关系。根据洪山区的出让地价季度变化和开发量的季度变化,得到洪山区需求区与供给区楼面地价如表 6-3 所示,需求区与供给区历年开发量如表 6-4 所示。

表6-2　武汉市不同楼层平均建筑成本

Table 6-2　Average building costs of different floors in Wuhan city

（单位:元）

层　数	1	2	3	4	5	6	7	8	9	10
建筑成本	729	751	771	782	794	809.5	852	887	914	932
层数	11	12	13	14	15	16	17	18	19	20
建筑成本	945	963	986	1016	1073	1099	1123	1155	1180	1192

数据来源:武汉市2011年第四季度建筑安装工程造价表。

表6-3　需求区与供给区楼面地价

Table 6-3　Floor-values in receiving zone and sending zone

（单位:元/m²）

	2011(4)	2011(3)	2011(2)	2011(1)	2010(4)
需求区	2873	2729	2927	2725	2524
供给区	551	732	914	823	733
	2010(3)	2010(2)	2010(1)	2009(4)	2009(3)
需求区	2416	2378	2537	2367	2412
供给区	673	685	745	763	642
	2009(2)	2009(1)	2008(4)	2008(3)	2008(2)
需求区	2271	2351	2224	2167	2089
供给区	832	734	632	734	540
	2008(1)	2007(4)	2007(3)	2007(2)	2007(1)
需求区	2151	2234	2341	2198	2134
供给区	832	653	543	543	543

数据来源:洪山区土地成交出让数据(武汉市土地交易中心公布)。

表 6-4 需求区与供给区开发量

Table 6-4 Development quantity in receiving zone and sending zone

（单位：hm²）

	2011(4)	2011(3)	2011(2)	2011(1)	2010(4)
需求区	2562	2601	2555	2602	2643
供给区	1238	1013	786	874	1017
	2010(3)	2010(2)	2010(1)	2009(4)	2009(3)
需求区	2663	2671	2645	2672	2664
供给区	1086	1071	997	974	1125
	2009(2)	2009(1)	2008(4)	2008(3)	2008(2)
需求区	2695	2677	2707	2719	2732
供给区	882	1013	1141	1020	1242
	2008(1)	2007(4)	2007(3)	2007(2)	2007(1)
需求区	2724	2705	2682	2714	2726
供给区	876	1111	1243	1258	1244

数据来源：洪山区土地成交出让数据（武汉市土地交易中心公布）。

运用 SPSS19.0 分别将可转移发展权项目需求区与供给区的固定收益与开发总量做线性回归分析,得:

需求区收益 r_1 与开发总量 D_1 之间的线性关系为: $r_1 = -0.203D_1 + 3180.63(R^2 = 0.516)$

供给区收益 r_2 与开发总量 D_2 之间的线性关系为: $r_2 = -1.247D_2 + 1925.52(R^2 = 0.839)$

（二）需求区与供给区开发量的求取

根据第六章第二节第四部分求取的模型参数,将其代入理论模型中,得出需求区与供给区在不同情况下的具体开发量。

1. 在没有约束的情况下,开发者对开发量的最佳选择为: $h_1^* = 3.712$, $h_2^* = 0.136$,开发量 $D^* = 12384.4\text{hm}^2$,即需求区的开发密度为 3.712,供给区的开发密度为 0.136,总开发量为 12384.4hm²,这一开发量远远超出了现时的开发量,并且在供给区的开发量会占用及开发农地,造成农地资源的流失。

2. 在对需求区与供给区分别做出限制时,政府决策者对于开发量的最佳选择为:$h_1^* = 1.998$,$h_2^* \approx 0$,开发量 $D^* = 6131 \text{ hm}^2$,即需求区的开发密度为 1.998,供给区的开发密度约等于 0,总开发量为 6131hm^2。这一开发量不仅减少了需求区的开发密度,供给区的开发密度更是减少到约等于 0,这利于政府对于基本农田资源的保护。但供给区与需求区的开发者都有突破限制进行开发的倾向,容易引致寻租行为。

3. 若设立土地发展权转移项目,由开发者在市场中自发形成对开发密度的选择,此时将供给区在没有约束情况下的最佳开发密度 h_2' 转移至需求区进行实现,以保护供给区土地不被开发,同时也能允许需求区突破政府决策者对于开发量的限制 h_1^*,计算得知有 996 hm^2 的开发量从供给区转移至需求区,最终结果为:$h_1''' = 2.323$,$h_2''' \approx 0$,开发量 $D''' = 7127\text{hm}^2$。即需求区的开发密度为 2.323,供给区的开发密度约等于 0,总开发量为 7127hm^2。

根据第六章第二节第四部分的实证结果,可以得出以下结论:

第一,土地发展权转移制度的设置短期内会导致开发量增加。

在开发受限的情况下对比设立可转移发展权项目前后的土地开发量可得,设置可转移发展权项目后,供给区的最佳开发量转移至需求区得以实现,即原来的供给区最佳开发密度 h_2' 由于受限无法实现,而转移至 h_1^*,使得需求区可实现的开发密度增加到 $h_1''' = 2.323$,而供给区由于发展权的转移,仍然保持近似于 0 的开发密度。由此可见,相比于受到限制的开发量,设立可转移发展权后,开发量会有短期的上升。这一结论与森林采伐权及碳排放权的交易许可实施后,森林采伐量及碳排放量在短期内会有所上升相符合①。

---

① Kenneth M.Chomitz,"Transferable Development Rights and Forest Protection:An Exploratory Analysis",*International Regional Science Review*,2004,(27)3:348 – 373. UNCTAD,"Greenhouse Gas Emissions Trading:Defining the Principles,Modalities,Rules,and Guidelines for Verification,Reporting,and Accountability",*1998. Geneva,Switzerland:United Nations Conference on Trade and Development.*

第二,土地发展权转移制度设置后长期内开发量有所减少。

虽然在短期内,由于可转移发展权制度的设置,供给区与需求区的总体开发量会有一定的增加,但对比 $D^{'}$ 和 $D^{'''}$,可得设置可转移发展权项目后的开发总量仍然远小于开发者的最佳开发量。由于土地隐性市场以及寻租行为的存在,长期内受限的土地开发量会向不受限的土地开发量方向增加。而土地发展权转移项目设置后,规范了开发量的转移。对需求区而言,为其突破限制提供了合法的途径,而对于供给区的所有者,可以通过转移土地发展权来获得等同于进行土地开发的收益。因此在长期内,设置土地发展权转移制度对于调控过度开发有着积极的意义。而土地发展权在保护农地及开发置换方面的成功实施经验也验证了这一结论①。

第三,开发量的转移受开发收益、需求区与供给区面积以及建筑成本的影响。

从开发量的估算模型可以看出,开发量的变化主要受开发密度及需求区与供给区面积的影响,开发量与开发密度与需求区及供给区面积都呈正向增减。而开发密度的选择又受到开发收益及建筑成本的影响,开发密度与开发收益呈正向增减,与建筑成本呈反向增减。这说明若将需求区设置在开发压力较大的地区,需求区的开发需求就越大,对于可转移发展权的购买需求也就越强烈,这有利于形成有效的土地发展权转移市场。若将供给区设置在开发压力较大的区域,对于其实施保护所需要转移的开发量就较大,所需的资金量较大。但与此同时,需求区的所有者获得出让发展权的收益也更多,这有利于促进对于供给区土地的保护以及形成有效供给。若将供给区设置在开发压力较小的区域,发生的开发量转移较少,所需的资金量较小,但也会造成供给区的参与度降低。就已经实施的可转移发展权项目

---

① Richard L.Barrows and Bruce, "A.Prenguber.Transfer of Development Rights:An Analysis of New Land Use Policy Tool", *American Journal of Agricultural Economics*,1975,57(4):549-557. 武井利行:《日本容积率移转制度与相关法律之演进》,"内政部营建署"容积移转研讨会论文,1999年。

而言,供给区与需求区都设置在开发压力较大的地区的项目,实施的成功度较高①。

第四,土地发展权转移项目的设计会引致有效需求。

在本项目中,有 996 hm²的开发量从供给区转移至需求区,而转移后的需求区的开发密度 $h_1^{''}$ = 2. 323,仍然小于未受限时的需求区开发密度 $h_1^{'}$ = 3. 712,这说明需求区对于可转移发展权的需求是有效的,且仍有上升的空间。但获得可转移发展权需要支付相应的费用,这会增加需求区的开发成本,使得需求区的最优开发量发生变化,具体的变化幅度多少尚未知,这也是下一章的研究内容。

① Virginia Mcconnell,Elizabeth Kopits,Margaret Walls,"How Well Can Markets for Development Rights Work? Evaluating a Farmland Preservation Program/Resources for the Future",*Discussion Paper*,March 2003.Patricia L.Machemer,Michael D.Kaplowitz,"A Framework for Evaluating Transferable Development Rights Programmes",*Journal of Environmental Planning and Management*,2002,(6).

第七章　土地发展权空间转移的机制设计

　　在实际中,可转移发展权的运行可能与理论上的设想有很大出入。第一,决定开发土地或转售可转移发展权所造成的结果不可逆性是可转移发展权市场与排污权等其他许可市场的关键区别。土地用益物权人必须跨时期地做出一系列的决策。包括是否及何时出售可转移发展权,在什么时段售出多少数量等。鉴于一旦他们做出出售可转移发展权或开发土地的决策,就将导致永久性的结果。第二,可转移发展权市场有时会仅由少数的买者和卖者构成,这将导致高额的交易成本,从而降低市场基础下的系统的有效性。第三,政府在市场中扮演的角色通常比概念定义的要更大、更广泛,通常包括在可转移发展权市场中加入一系列调控因素。例如明确规定哪块土地可以出售可转移发展权,或哪块地可以使用可转移发展权进行超过限制规划密度的开发。政府同样可能成为可转移发展权市场的参与者,进而影响可转移发展权的均衡价格与数量。

　　如前所述,土地发展权转移项目的运行必须具备4个要素:第一,供给区;第二,需求区;第三,售出发展权的量化;第四,转移的程序。根据第六章中对于土地发展权需求区与供给区的选取,以及第四、五章中对于不同类型土地发展权价值的求取,本章中首先对于土地发展权转移的价值量进行具体量化。由于土地发展权项目在转移数量的平衡外,同时需达到土地发展权转移价值的平衡。因此根据可转移发展权项目的数量与价值转移,分析一系列的土地发展权转移调控指标对于土地发展权转移数量与价值平衡的影响,从而设置土地发展权项目的合理调控指标,以得出符合研究区域实情的土地发展权转移项目的机制设计。

第一节　土地发展权价值空间转移

一、土地发展权项目初始价值转移量

根据第六章第二节中选定的土地发展权项目需求区与供给区及得出的土地开发转移量可知,有 996 hm² 的开发量从供给区转移至需求区,最终结果为:$h_1^{\cdots} = 2.323$, $h_2^{\cdots} \approx 0$,开发量 $D^{\cdots} = 7127hm^2$。即需求区的开发密度为 2.323,供给区的开发密度约等于 0,总开发量为 7127hm²。

(一)土地发展权项目需求区土地发展权价值确定

分别求取供给区与需求区的土地发展权价值,其中需求区为洪山区 8 个街道的住宅用地,面积有 3068 hm²,由于其面积较大,各地块间价值差异明显,若利用一般城区点状价值进行估算,则需要区分的地块数量太多工作量浩大,因此在洪山区中心地区内不同区位选取 20 个地块,分别计算其市地发展权价值,再以这 20 个地块的平均值作为需求区土地发展权价值。加之一般城区实证分析中的地块 1 与地块 2,求取其转为住宅用地的土地发展权价值,统一为容积率 2.0,使用年限 70 年,住宅用地用途的土地发展权价值。具体的选点如图 7-1 所示:

分别测算 22 个地块距离最近的商业中心驾车时间 TT_1,距离第二近的商业中心驾车时间 TT_2,距离最近的商业中心人口增长 PC_1,距离第二近的商业中心人口增长 PC_2。并根据该地块的现行住宅用地基准地价水平来求取土地现时收入,具体数值如表 7-1 所示。

再根据表 7-1 中所示 22 宗地块的参数,求取各地块的土地最佳利用价值后,再根据土地现时利用价值,可求取各地块的土地发展权价值。如表 7-2 所示。

图7-1 需求区土地发展权价值求取样点分布

Fig.7-1   Samples distribution in receiving zone

图表来源：百度地图，样点由笔者自行标注。

表7-1 需求区取样点特征数据

Table 7-1Sample data characteristic in receiving zone

地块编号	地块位置	距离最近的商业中心驾车时间（分钟）TT_1	距离第二近的商业中心驾车时间（分钟）TT_2	距离最近的商业中心人口增长（千人）PC_1	距离第二近的商业中心人口增长（千人）PC_2	土地现时收入 Ru（元/m²/年）
dk-1	湖北省文达电脑学校	28	36	2.68	5.71	123.33
dk-2	邬家墩	28	35	2.68	5.71	123.33
dk-3	东方莱茵	14	25	2.68	3.38	123.33
dk-4	湖工社区生鲜市场	27	41	2.68	5.71	123.33
dk-5	马湖新村A区	27	41	2.68	5.71	153.17
dk-6	金地格林小城梦茵区	21	30	2.68	3.38	153.17
dk-7	滨湖名邸	14	29	2.68	3.38	153.17
dk-8	华大家园	18	34	2.68	3.38	153.17
dk-9	竹苑小区东区	8	23	2.68	3.38	200.42

续表

地块编号	地块位置	距离最近的商业中心驾车时间（分钟）TT$_1$	距离第二近的商业中心驾车时间（分钟）TT$_2$	距离最近的商业中心人口增长（千人）PC$_1$	距离第二近的商业中心人口增长（千人）PC$_2$	土地现时收入 Ru（元/m^2/年）
dk-10	中行华农支行	22	39	2.68	3.38	200.42
dk-11	佑铭体育馆	12	27	2.68	3.38	200.42
dk-12	星湖园酒店	20	30	2.68	3.38	200.42
dk-13	玲珑超市	28	39	2.68	3.38	200.42
dk-14	学雅芳邻东区	24	29	2.68	3.38	200.42
dk-15	武汉工程大学	19	35	2.68	3.38	200.42
dk-16	中南民族大学东家属区	22	37	2.68	3.38	280.53
dk-17	建行瑜伽山支行	30	46	2.68	3.38	200.42
dk-18	保利花园	23	39	2.68	3.38	280.53
dk-19	清江山水	26	41	2.68	3.38	200.42
dk-20	仕园花都	30	45	2.68	3.38	153.17
dk-21	马湖村（地块2）	26	34	2.68	3.38	153.17
dk-22	珞狮北路3号（地块1）	12	27	2.68	5.71	200.42

数据来源：《武汉市统计年鉴2011》，《武汉市2011年基准地价更新报告》。

表 7-2　需求区土地发展权价值

Table 7-2　The value of land development rights in the receiving zone

（单位：元/m^2）

地块编号	地块位置	土地最佳利用价值 P$_{best}$	土地现时利用价值 P$_u$	土地发展权价值 PDR
dk-1	湖北省文达电脑学校	8558.12	3755.497	4802.623
dk-2	邬家墩	8597.49	3755.497	4841.993
dk-3	东方莱茵	6177.33	3755.497	2421.833
dk-4	湖工社区生鲜市场	8367.20	3755.497	4611.703
dk-5	马湖新村 A 区	10044.72	4664.027	5380.693

续表

地块编号	地块位置	土地最佳利用价值 P_{best}	土地现时利用价值 P_u	土地发展权价值 PDR
dk-6	金地格林小城梦茵区	6955.99	4664.027	2291.963
dk-7	滨湖名邸	6997.76	4664.027	2333.733
dk-8	华大家园	6792.91	4664.027	2128.883
dk-9	竹苑小区东区	8826.83	6102.789	2724.041
dk-10	中行华农支行	8168.13	6102.789	2065.341
dk-11	佑铭体育馆	8652.60	6102.789	2549.811
dk-12	星湖园酒店	8526.11	6102.789	2423.321
dk-13	玲珑超市	8168.13	6102.789	2065.341
dk-14	学雅芳邻东区	8567.88	6102.789	2465.091
dk-15	武汉工程大学	8323.25	6102.789	2220.461
dk-16	中南民族大学东家属区	10906.80	8542.002	2364.798
dk-17	建行瑜伽山支行	7911.99	6102.789	1809.201
dk-18	保利花园	10830.03	8542.002	2288.028
dk-19	清江山水	8092.96	6102.789	1990.171
dk-20	仕园花都	6377.27	4664.027	1713.243
dk-21	马湖村(地块2)	6792.91	4664.027	2128.883
dk-22	珞狮北路3号(地块1)	13260.91	6102.789	7158.121

数据来源:计算得出。

根据表7-2中所得的22宗地块的土地发展权价值估值,求算术平均值可得需求区土地发展权价值为2944.51元/m²。

(二)土地发展权项目供给区土地发展权价值确定

洪山区面积为武汉市主城区中最大,且地域跨度较广,北邻青山区、南接江夏区,西靠武昌区,东壤黄石市华容区,其中洪山区农地多分布在靠近江夏区,因此取江夏区农地发展权价值评估问卷结果,求取其农地发展权价值作为土地发展权项目供给区土地发展权价值。

91份江夏区农地发展权价值问卷中,支付意愿分布如表7-3所示:

表 7-3 江夏区农地发展权支付意愿分布区间

Table 7-3 The range of willingness to pay for farm
land development rights in Jiangxia

（单位：公顷）

农地发展权支付意愿	人 数	百分比（%）
N<1.5	0	0.00
1.5<N≤3	2	2.20
3<N≤4.5	1	1.10
4.5<N≤6	3	3.30
6<N≤7.5	3	3.30
7.5<N≤9	4	4.40
9<N≤10.5	6	6.59
10.5<N≤12	12	13.19
12<N≤13.5	20	21.98
13.5<N≤16.5	23	25.27
19.5<N≤22.5	9	9.89
22.5<N≤25.5	5	5.49
25.5<N≤28.5	2	2.20
28.5<N≤31.5	0	0.00
31.5<N	1	1.10

数据来源：调查统计。

对 91 份农地发展权价值评估问卷进行描述性分析，得到平均支付意愿为 14.42 元/m²/年，标准差为 15.4519，如表 7-4。

表 7-4 江夏区农地发展权支付意愿描述统计量

Table 7-4 The statistic of willingness to pay for farmland
development rights in Jiangxia

	N	极小值	极大值	均 值	标准差
Y	91	2	34	14.42	15.4519
有效的 N（列表状态）	91				

数据来源：调查统计。

利用收益还原法求得农地发展权价值为:212.54 元/m²。

(三)土地发展权项目单位发展权价值求取

根据第六章第二节第四部分中对于土地发展权转移项目开发量的转移,可得知有 996 hm² 的开发量从供给区转移至需求区。这一开发量的转移,并非开发平面面积的转移,而是空间开发量之转移。由于需求区与供给区的开发密度有所差异,土地发展权在二者之间的价值转移量就无法用面积为单位来衡量。

如图 7-2 所示,需求区开发量等于需求区面积 A_r 乘以需求区开发密度 H_r,供给区开发量等于供给区面积 A_s 乘以需求区开发密度 H_s。在本发展权转移项目中,有 $A_r < A_s$,$H_r > H_s$,因此同样数量的开发量在需求区与供给区体现各不相同,若要准确量化这一开发转移发生的土地发展权价值转移,则需要将开发量标准化,建立单位土地发展权,以便于土地发展权转移的交易与量化。

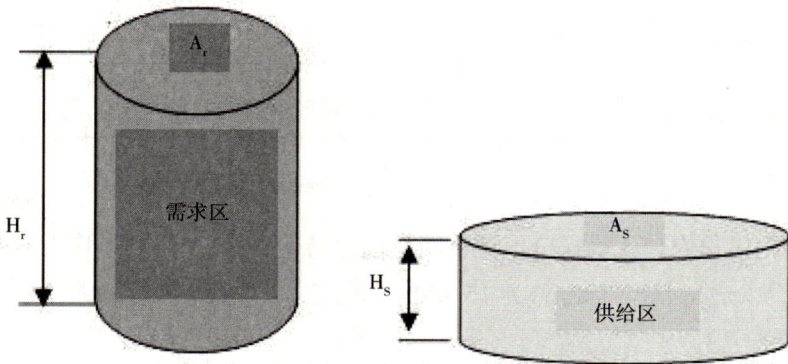

图 7-2 需求区与供给区土地发展权开发量示意图
Fig.7-2 The difference in development in sending and receiving zones

因此将 1 平方米土地上的容积率为 1 的开发量作为单位土地发展权,开发量在需求区与供给区之间的转移,则以单位土地发展权作为度量。

需求区的土地发展权价值为容积率 2.0 的情况下,单位面积住宅用地发展权价值,因此可得需求区单位土地发展权价值为 2944.51 ÷ 2 = 1472.26 元/m²。

需求区面积为 3068 hm²,在没有约束的情况下,开发者对开发量的最佳选择为:$h_1^· = 3.712$,可得无约束需求区土地发展权总价值为 $1.676×10^{11}$ 元。在对需求区与供给区分别做出限制时,政府决策者对于开发量的最佳选择为:$h_1^* = 1.998$,此时需求区土地发展权总价值为 $9.025×10^{10}$ 元。若设立土地发展权转移项目,$h_1^{··} = 2.323$,需求区土地发展权总价值为 $1.049× 10^{11}$元。

供给区土地发展权价值为意愿调查法所得,询问受访者的是单位面积开发不受限农地的支付意愿,因此其价值也为农地开发不受限时的单位面积土地发展权价值。根据第六章第二节第四部分的结果可知,项目区农地开发不受限时的开发密度为 $h_2^· = 0.136$,因此当单位面积供给区土地开发密度为 1 时,供给区单位土地发展权价值为 212.54 ÷ 0.136 = 1562.79 元/m²。

在没有约束的情况下,供给区土地发展权总价值为 $1.56×10^{10}$元。

二、土地发展权项目价值转移量

已有需求区与供给区单位土地发展权价值,以及需求区与供给区之间的土地发展权转移量,可得初始土地发展权项目价值转移量为:

供给区土地发展权价值转移量:996×10000×1562.79 = $1.56×10^{10}$元,即供给区土地发展权全数转出,并接受 $1.56×10^{10}$ 元的补偿。

需求区土地发展权价值转移量:996×10000×1472.26 = $1.46×10^{10}$元,即需求区若全数接收供给区的土地发展权,可得到 $1.46×10^{10}$ 的土地发展权价值。

考虑到一旦需求区的开发超过限制开发密度,超过的开发部分则需要向供给区购买发展权,获得土地发展权需要支付相应的费用,这会增加需求区的开发成本,使得需求区的最优开发量发生变化,因此相应的开发量也会发生变化。

在超出限制开发密度 $h_1^* = 1.998$ 后,需求区的开发成本函数变为:

$$C(h_1) = (25.43 + 1562.79)h_1 + 680 \qquad （式7-1）$$

收益函数不变的情况下，超过限制开发密度的需求区开发增量 Δh_1 可通过式7-2进行求取：

$$r_1 = c(h_1) + c'(h_1)h_1 = c(\Delta h_1 + 1.998) + c'(\Delta h_1 + 1.998)(\Delta h_1 + 1.998)$$
$$= 25.43 \times 1.998 + (25.43 + 1562.79)\Delta h_1 + 680 + (25.43 + 1562.79)(\Delta h_1 + 1.998)$$
$$= -0.203 \times (1.998 + \Delta h_1) \times 3068 + 3190.63 \qquad （式7-2）$$

求解可得 $\Delta h_1 = -0.31$。这说明一旦需要支付土地发展权价值，土地开发者将不会获得收益，反而有成本的亏损，因此需求区并不会从供给区购入土地发展权。

第二节　土地发展权转移项目的调控

根据第七章第一节第二部分的需求区与供给区的土地发展权项目价值转移量的对比，可知供给区转出的土地发展权价值大于需求区的土地发展权价值，虽然从供给区购入土地发展权能够增加需求区的开发量，相较于开发受限时的收益上升，但这一价值量的失衡会导致需求区出于机会成本的考虑，宁愿设法突破自身的开发限制而不选择从供给区购买土地发展权。易引致购入土地发展权的需求不足及寻租等问题。但考虑土地发展权购买成本后需求区的接收量为0，则所有开发留滞供给区而不得发生转移。

Virginia 等人指出，薄市场（thin market）是土地发展权转移项目运行无效的最主要原因[1]。Elizabet 等分析得到需求不足是交易不旺市场的主要成因[2]。为避免导致土地发展权转移项目运行不畅，刺激土地发展权购买需求，需采用一系列的调控指标对土地发展权转移项目进行调控。

---

① Virginia Mcconnell, Elizabeth Kopits, Margaret Walls, "How Well Can Markets for Development Rights Work? Evaluating a Farmland Preservation Program/Resources for the Future", *Discussion Paper*, March 2003.

② Elizabeth Kopits, Virginia McConnell, and Margaret Walls, "Making Markets for Development Rights Work: What Determines Demand?" *Work Paper*, Oct.2005.

一、土地发展权转移项目调控指标

（一）单位土地发展权面积

单位土地发展权是在土地发展权转移项目中的运行单位，一般以单位面积为1的土地上容积率为1的开发量作为单位土地发展权。这一度量在需求区易体现为具体的开发量，但在供给区，地块开发密度低，且出于保护目的，一旦土地发展权转出，供给区的土地就要保持现状不得开发。土地发展权转移项目中，所保护的供给区面积大小成为衡量项目是否成功的最重要指标，具体到每个项目的操作中，由于各区开发密度不同，因此在供给区以若干土地面积受到保护为1单位发展权面积更为合理，不仅在运行时易于操作，也更能直观地体现项目对于供给区土地保护的力度。

不同土地发展权转移项目的单位土地发展权面积各不相同，但亦有共同之处，包括：

1. 单位土地发展权面积与供给区不受限的开发密度成反比。这是由单位土地发展权定义所决定的。

2. 单位土地发展权与土地集中连片程度呈正比。单位土地发展权面积一方面度量土地发展权转移，另一方面作为供给区的补偿标准，若细碎且分属不同用益物权人的地块归于同一单位土地发展权，会造成补偿分配的困难，不利于土地发展权转移的运行。

（二）转移比率

发展权转移比率界定的是在需求区增加一额外单位土地发展权需要的供给区单位土地发展权数量。高的转移率会使得土地所有者在转让土地发展权和开发自己的土地之间更倾向于前者，这就促进了土地所有者参与到土地发展项目中来。且设定较高的转移比率能有效地解决购入土地发展权的需求不足及寻租等问题。大多数已运行的土地发展权转移项目的转移比率都高于1。Pruetz归纳了若干土地发展权转移项目的转移比率，有些项目的转移比率有40∶1之多，美国代表性的土地发展权转移项目中，派恩兰县的项目土地发展权转移比率为4∶1，马里兰州的Montgomery县的土地发展权转移比率为5∶1。佛罗里达州的Dade县的土地发展权转移比率为 8∶1①。

(三)基准规划密度

基准规划密度(baseline zoning)指对于需求区与供给区的初始受限开发密度的限制。即不转入转出土地发展权时的需求区与转出土地发展权后的供给区的开发密度限制。供给区的基准规划密度确定多为保护目的,即限制供给区的过度开发。需求区的基准规划密度限制多为促进需求区对于土地发展权的购买需求。因此降低需求区的基准规划密度可以增加需求区对发展权的需求,在发展权市场形成较高发展权价格,且促使供给区转让更多的发展权。降低供给区的基准规划密度可以降低供给区的开发价值,从而降低供给区土地所有者转让发展权的机会成本,加强农地的保护。

(四)密度附加

密度附加界定的是在某一区域上,开发者可以通过使用土地发展权,建筑的超过规划限制的部分,高的密度附加可以增加土地发展权的需求,但过高的密度附加会导致过度开发和拥挤状况的发生,因此制定合理的密度附加是控制土地过度开发的重要措施。若发展权的转移量足够大,使得城市开发量高于城市开发的最优水平时,通过密度附加的控制可以避免这一情况。

二、土地发展权转移项目调控指标确定

(一)单位土地发展权面积确定

需求区单位土地发展权面积无须特意确定,受转移的土地发展权也体现在开发密度的增加上,而非土地开发面积的增加。因此需确定的是供给区的单位土地发展权面积。

本项目中供给区不受限时的开发密度为 $h_2' = 0.136$,按定义可得 1 单位土地发展权面积 A_{per} 为 $1 \div 0.136 = 7.35$ 单位。农地发展权价值调查问卷

---

① Pruetz,Rick,1997,*Saved By Development:Preserving Environmental Areas,Farmland and Historic Landmarks with Transfer of Development Rights*,Burbank,California:ArjePress.

中关于户均耕地面积的调查显示,除了 2 位承包大规模鱼塘的受访者外,其余 351 位受访者的农地面积都小于 1.733 hm²,其中以 0.333 至 0.667 hm² 之间为最多。考虑到农地的集中连片及使用权归属问题,将 0.147 hm² 的供给区土地作为 1 单位土地发展权面积,对应的土地开发量为 0.02 hm²。

由供给区需转移的 996 hm² 的土地开发量,可知其总的单位土地发展权数量为 49800 单位。

(二)转移比率确定

转移比率对于土地发展权的需求有着直接的刺激,高转移比率可使得开发者收益提高,解决第七章第一节第二部分中测算出的在考虑土地发展权价值的情况下,需求区没有购入土地发展权需求的困境。

假设土地发展权项目的转移比率为 n:1,即供给区每转移 1 单位的开发量,可在需求区进行 n 单位的额外开发。此时在供给区单位土地发展权价值不变的情况下,需求区单位土地发展权价值为 $\frac{1562.79}{n}$ 元/m²。

996 hm² 的供给区全部土地开发量为 49800 单位土地发展权,若要使得这些数量的单位土地发展权都能转移至需求区,则需:

$$3068n\Delta h_1 = 49800 \qquad (式 7-3)$$

即需求区超过限制后新增的单位土地发展权数量等于供给区全部单位土地发展权数量。

根据需求区最大化收益的边际条件得:

$$r_1 = c(h_1) + c'(h_1)h_1 = c(\Delta h_1 + 1.998) + c'(\Delta h_1 + 1.998)(\Delta h_1 + 1.998)$$

$$= 25.43 \times 1.998 + (25.43 + \frac{1562.79}{n})\Delta h_1 + 680 \qquad (式 7-4)$$

$$+ (25.43 + \frac{1562.79}{n}) \times (\Delta h_1 + 1.998)$$

$$= -0.203 \times (1.998 + \Delta h_1) \times 3068 + 3190.63$$

联立式 7-3 与 7-4 求解后取有理数解可得:

n = 13.87, Δh_1 = 1.17

即当 n≥13.87 时,需求区有购入供给区全部土地发展权的需求。但在具体项目中为了便于操作,一般 n 都取整数值。而制定较高的土地发展权转移比率更有利于促进土地发展权的需求,综合以上,将此土地发展权项目的转移比率设置为 14:1。此时 $\Delta h_1 = 1.159$,即需求区的土地开发密度 h_1 增加到 3.157,逼近不受限开发密度 $h_1' = 3.712$。此时需求区单位土地发展权价值为 1562.79 ÷ 14 = 111.63 元/m^2。

(三)基准规划密度确定

供给区土地为基本农田,应予以严格保护,因此确定供给区的基准规划密度为 0。需求区的基准规划密度则用于调节开发者的收益函数及开发者对于土地发展权的需求。较低的需求区基准规划密度易促进需求区对于土地发展权的需求。本项目中的需求区基准规划密度是在最大化供给区与需求区的总体利益的前提下分析得出的,在此基准规划密度下能够完成对于供给区土地发展权的购买转移,则此基准规划密度可行,具体为:供给区基准规划密度为 0,需求区基准规划密度为 1.998。

(四)密度附加确定

密度附加一般用于调控需求区各个地块的最高开发密度上升量 Δh_1^-,即每一地块的最高开发密度增量 Δh_1。由于是限制在一定单位面积内,所以密度附加无须等于总体开发密度的增加值 Δh_1。密度附加的限制一般是为了控制土地发展权集中转入某一地块,而形成该地块开发密度过高,导致地块周边的基础设施无法承受其过高密度的开发。因此密度附加 Δh_1^- 需根据区域内的基础设施、交通便利程度、地质条件等来进行综合制定。根据近年来洪山区中心的土地出让地块的容积率数据,其出让限制开发密度基本分布在 2—4.5 之间,洪山区在武汉市主城区中社会经济水平处于中上水平,低于江岸区 4—10 之间的出让限制开发密度,但洪山区的经济发展势头良好,建设用地需求量大,综合考虑以上因素,将项目区的密度附加确定为 4。也就是在限制基准规划密度为 1.998 的基础上,还可以进行密度为 4 的开发,最终形成 5.998 的最高开发密度限制。

第三节 土地发展权转移项目
机制设计及期望收益

确立土地发展权转移项目的调控指标后,可以得到如表7-5所示土地发展权转移项目机制设计:

1. 土地发展权转移项目区位选择。

本土地发展权转移项目供给区选取为洪山区5个乡镇的基本农田,面积为7325 hm^2。需求区为洪山区8个街道的住宅用地,面积为3068 hm^2。

2. 土地发展权转移项目单位土地发展权面积、开发量、单价、数量。

供给区单位土地发展权面积为0.147 hm^2,对应土地开发量为0.02 hm^2。需求区单位土地发展权价值为111.63 元/m^2,供给区单位土地发展权价值为1562.79 元/m^2。由供给区需转移的996 hm^2的土地开发量,可知其总单位土地发展权数量为49800单位。相应的需求区的单位土地发展权数量为697200。

3. 土地发展权转移项目基准规划密度。

需求区的基准规划密度为1.998,供给区的基准规划密度为0。

4. 土地发展权转移项目发展权转移比率。

土地发展权转移比率为14∶1,即供给区进行1单位土地发展权面积的开发保护限制后,转移出的1单位土地发展权在需求区可以进行14单位的土地发展权开发。

表7-5 土地发展权转移项目指标及运行结果
Table 7-5 The quota and operating results of land development rights transfer project

	需求区	供给区
位 置	洪山区中心住宅用地	洪山区基本农田
面 积	3068 hm^2	7325 hm^2

续表

	需求区	供给区
单位土地发展权面积	——	0.147 hm²
单位土地发展权开发量	0.02 hm²	0.02 hm²
单位土地发展权单价	111.63 元/m²	1562.79 元/m²
单位土地发展权转移数量	+697200	−49800
发展权转移比率	14	1
基准规划密度	1.998	0
土地发展权开发量转移	+13944 hm²	−996 hm²
土地发展权转移以后开发密度	3.157	0
土地发展权转移前收益	3.70×10¹⁰ 元	2.22 × 10⁸ 元
土地发展权转移后收益	+2.73×10¹⁰ 元	+1.58×10¹⁰ 元
密度附加限制	4	——
土地发展权转移导致土地收益变动	−9.7×10⁹	+1.56×10¹⁰ 元

数据来源:计算得出。

5. 土地发展权转移情况。

有 49800 单位的土地发展权从供给区转出,通过 14∶1 的转移比率转移至需求区形成 697200 单位的土地发展权,对应需求区的新增土地开发量为 13944 hm²。需求区的新增开发密度为 1.159,经土地发展权转移以后需求区的土地开发密度增加到 3.157。供给区转出土地发展权后保持在 0 的开发密度。

6. 土地发展权转移密度附加。

单位地块的土地发展权密度附加限制为 4,即单位地块上转入土地发展权后最高可进行 5.998 的开发。

7. 土地发展权项目导致的需求区与供给区收益的增加。

土地发展权项目实施前,供给区作为基本农田受到保护,其土地总收益为其农用价值,根据第五章第三节中的农地平均收益 3.03 元/ m²可得其土地总收益为 2.22 × 10⁸ 元,需求区的基准规划密度为 1.998,需求区单位收益为:

$r_1 = -0.203 \times 3068 \times 1.998 + 3180.63 = 1936.27$ 元/ m^2

需求区总纯收益为

$R_1 = 3068 \times 10000 \times [1936.27 - 25.43 \times 1.998 - 680]$

$\quad = 3.70 \times 10^{10}$ 元

供给区与需求区的总收益为：3.72×10^{10} 元

实施土地发展权转移后,在此基准规划密度下供给区土地用益物权人出让土地发展权的纯收益为：1.56×10^{10}元,土地依然继续保持农用的农用价值为 2.22×10^8 元,供给区总土地收益为 1.58×10^{10} 元。

需求区开发者的单位收益为：

$r_1 = -0.203 \times 3068 \times 3.157 + 3180.63 = 1214.44$ 元/ m^2

需求区总纯收益为：

$R_1 = 3068 \times 10000 \times [1214.44 - 25.43 \times 1.998 - (25.43 + 111.63) \times 1.159 - 680]$

$\quad = 2.73 \times 10^{10}$元

供给区与需求区的总收益为：4.31×10^{10} 元

对比土地发展权实施前后,需求区与供给区土地总收益增加 5.9×10^9 元。

第八章 结论与讨论

第一节 研究结论

一、土地发展权价值包括选择权价值及用途转换价值

本书结合级差地租理论、城市空间结构理论及选择权价值理论,构建包括土地发展权价值的土地价值体系,在纳入土地发展权价值后,土地价值包括选择权价值、用途转换价值、开发成本和现状利用价值。其中选择权与用途转换价值构成土地发展权价值。对比级差地租理论,可得土地发展权价值包含级差地租Ⅱ与部分级差地租Ⅰ,对于城市空间土地价值体系,可得土地发展权价值包括区位土地级差地租与部分城市土地地租增值价值。

根据这一土地价值体系可以得到土地发展权的基本定价公式:

土地发展权价值 = 选择权价值 + 用途转换价值

或:土地发展权价值 = 土地价值 - 现状利用价值 - 开发成本

并非所有土地的土地发展权价值都由选择权价值与用途转换价值组成。用途转换价值的存在前提是土地可以有更佳用途及更高使用价值,若土地已经达到其最高使用价值,土地的用途转换价值即为零。对于某些城市中心位置的地块,由于区位的优越性及稀缺性,激烈竞争的土地市场使得其必然处于充分利用状态。此区位的地块则仅具有选择权价值不具有用途转换价值。随着地块距离 CBD 的距离增加,土地市场的竞争逐渐趋于不完全,此时土地同时具有用途转换价值和选择权价值。当地块距离 CBD 达到一定距离时,土地受到 CBD 的辐射效应减少为零,土地开发利用的价值小

于土地农用的价值,理性的用益物权人会选择将土地保持农用,土地的用途转换价值取决于农地改变耕作方式或耕作密度等的收益,选择权价值也成为农地改变耕作方式或耕作密度权利的价值。根据以上分析的土地发展权的变动及差异,区分土地发展权价值类型为中心城区市地发展权、一般城区市地发展权及农地发展权,相应的土地发展权研究区域也划分为中心城区市地、一般城区市地和农地。

二、不同影响因素对土地发展权价值支付意愿的影响方式和大小各异

研究对中心城区的武昌区、江汉区、硚口区,一般城区的青山区、汉阳区、洪山区进行市地发展权价值评估问卷调查,每区发放问卷 100 份,共回收问卷 551 份。对远城区的东西湖区、江夏区、黄陂区、汉南区进行农地发展权价值评估问卷调查,每区发放问卷 100 份,共回收问卷 353 份。

对市地发展权支付意愿影响因素作回归分析,在建立初始的以调查者个人特征为自变量的回归模型后,逐步加入对于土地发展权的存在的认知、用途限制、容积率限制及开发时间限制等自变量。

结果显示年龄(变量 age)、性别(变量 sex)与市地发展权支付意愿呈反向相关。教育程度(变量 edu)、政治面貌(变量 pol)、收入(变量 inc)与市地发展权支付意愿呈正向相关。逐步加入变量后得,土地发展权存在认知变量(X)、土地用途限制变量(X_u)及土地开发时间限制变量(X_t)与市地发展权支付意愿呈正向相关。其中性别、政治面貌、土地用途限制变量及土地开发时间限制变量对于市地发展权支付意愿呈显著影响。

对农地发展权支付意愿作 Logistic 回归,可以得到 X_3(农地发展权的需求变量)与 X_5(农地现时价值变量)对于农地发展权支付意愿有极其显著影响。edu(受教育程度变量)与 X_2(农地发展权存在的认知变量)对农地发展权支付意愿有较显著影响。α(常数项)、sex(性别变量)、age(年龄变量)与inc(受访者家庭收入变量)对农地发展权支付意愿有显著影响。其中对农地发展权的需求、受教育程度年龄与农地发展权支付意愿呈正向相关。农地现时价值、农地发展权存在的认知、性别、受访者家庭收入与农地发展权

支付意愿呈反向相关。

三、土地发展权评估结果

研究中用CVM法测得中心城区市地、一般城区市地与农地的土地发展权片状价值，考虑到中心城区与一般城区土地的出让与转让多发生于面积相对较小的某一地块，且地块的所有者都为国家，使用者也多为单一法人，使用CVM法只能作片状估计，确定具体地块的价值就不完全适合，分别建立中心城区与一般城区的土地发展权点状估价模型，并对点状价值进行测算。

求得武汉市中心城区片状平均土地发展权价值为2559.32元/m²，一般城区片状土地发展权价值为2213.27元/m²。武汉市片状农地发展权价值为：185.42元/m²。

中心城区市地发展权价值等于其选择权价值，利用美式实物期权的思想建立武汉土地选择权点状价值模型，得到土地选择权将在3.21个月后被执行，执行的土地选择权价值为5373.58元/m²。一般城区市地发展权价值等于选择权价值与用途转换价值之和，采取美式期权与竞争性土地价值模型结合的方法，得到一般城区的点状土地发展权价值模型，一般城区平均点状市地发展权价值为3026.90元/m²。中心城区与一般城区的土地发展权价值俱为2011年容积率为2.0，使用期限70年的住宅用地土地发展权价值。

对比片状价值与点状价值的求值，可以得出：

1. 中心城区市地发展权绝对价值高于一般城区市地发展权价值，而一般城区市地发展权价值占土地最佳利用价值的相对比例则高于中心城区。这一方面由于中心城区的土地最佳利用价值高于一般城区；另一方面印证一般城区土地发展权价值内涵广于中心城区，与本书第三章建立的土地发展权价值体系相呼应。

2. 中心城区与一般城区的点状估算价值高于片状估算价值。这是由于本研究中的片状调查采用的是受访者的最高支付意愿（WTP）来求取市地发展权价值，WTP 由于其特性，相对会偏低。

四、土地发展权设置对于土地开发的影响不确定，受多种因素影响

研究分析土地发展权设置对于土地开发的影响，可知土地发展权的设置短期内会导致开发量增加。但在长期内设置土地发展权转移制度可有效地抑制土地隐性市场以及寻租行为，对需求区而言，为其突破限制提供了合法的途径，而对于供给区的所有者，可以通过转移土地发展权来获得等同于进行土地开发的收益。因此在长期内，设置可转移发展权对于调控过度开发有着积极的意义。土地发展权在保护农地及开发置换方面的成功实施经验也验证了这一结论。

具体探讨可得，开发量的转移受开发收益、需求区与供给区面积以及建筑成本的影响，开发量转移与开发密度、需求区及供给区面积都呈正向增减。而开发密度的选择又受到开发收益及建筑成本的影响，开发密度与开发收益呈正向增减，与建筑成本呈反向增减。这说明若将需求区设置在开发压力较大的地区，需求区的开发需求就越大，对于可转移发展权的购买需求也就越强烈，这有利于形成有效的土地发展权市场。若将供给区设置在开发压力较大的区域，对于其实施保护所需要转移的开发量就较大，所需的资金量较大。但与此同时，需求区的所有者获得出让发展权的收益也更多，这有利于促进对于供给区土地的保护以及形成有效供给。因此将供给区与需求区都设置在开发压力较大的地区的土地发展权转移项目，土地发展权更易发生转移。

五、合理设计的土地发展权转移机制会引致有效需求及区域土地总收益的增加

本研究中对于土地发展权转移的机制设计使得土地发展权有效需求增加，且需求区与供给区的土地总收益增加。具体的土地发展权转移机制指标设置及土地发展权设置前后，开发量及价值的转移变化为：

本土地发展权转移项目供给区选取为洪山区 5 个乡镇的基本农田，面

积为 7325 hm^2。需求区为洪山区 8 个街道的住宅用地，面积为 3068 hm^2。供给区单位土地发展权面积为 0.147 hm^2，对应土地开发量为 0.02 hm^2。需求区单位土地发展权价值为 111.63 元/m^2，供给区单位土地发展权价值为 1562.79 元/m^2。由供给区需转移的 996 hm^2 的土地开发量，可知其总单位土地发展权数量为 49800 单位。相应的，需求区的单位土地发展权数量为 697200。设定需求区的基准规划密度为 1.998，供给区的基准规划密度为 0。计算得出土地发展权转移比率为 14：1，即供给区进行 1 单位土地发展权面积的开发保护限制后，转移出的 1 单位土地发展权在需求区可以进行 14 单位的土地发展权开发。可得有 49800 单位的土地发展权从供给区转出，通过 14：1 的转移比率转移至需求区形成 697200 单位的土地发展权，对应需求区的新增土地开发量为 13944 hm^2。需求区的新增开发密度为 1.159，经土地发展权转移以后需求区的土地开发密度增加到 3.157。供给区转出土地发展权后保持在 0 的开发密度。单位地块的土地发展权密度附加限制为 4，即单位地块上转入土地发展权后，最高可进行 5.998 的开发。土地发展权项目实施前，供给区为基本农田受到保护，其农用价值为：2.22 × 10^8 元。需求区总纯收益为：2.73 × 10^{10} 元，供给区与需求区的总收益为：4.31 × 10^{10} 元。对比土地发展权实施前后，需求区与供给区土地总收益增加 5.9 × 10^9 元。

第二节　讨　　论

一、本书不足之处

1. 对土地发展权的定价仅限于武汉市，代表的是中部地区较为发达大城市的土地发展权价格水平，对于全国范围而言，参考价值有一定的局限性。在今后的研究中，应将调查范围扩展至全国范围内有代表性的城市，使得土地发展权价值的测算更适合中国的国情。

2. 对于土地发展权的估算和机制设计比较侧重于农地发展权及建设用地发展权，对于发展权的其他用途如：保护水源地，保护生态、森林等用途的发展权价值关注较少。

3. 由于土地发展权在中国的实施尚未全面开展，因此所得出的土地发展权价值缺乏实际的验证，而土地发展权的机制设计的具体实施也受到我国现有的土地所有制及土地增值利益既定分配的影响，难以在实际中完全的运行。

4. CVM 的限制。

CVM 是基于模拟市场交易行为基础之上的估价技术，完全依赖问卷调查来评估资源价值，因此难免存在一些问题。第一，偏差问题。尽管在问卷设计及调查时进行了偏差分析及偏差处理，但 CVM 的方法特性决定了无论采取什么方法，偏差都不可能完全消除或避免。第二，样本容量问题。依据 Scheaffer（1979）的抽样公式，武汉市至少共需要有效样本 625 份。考虑到本研究存在分区域的研究，中心城区回收问卷 285 份，一般城区回收问卷 266 份，农地回收问卷问卷 353 份。因此在各区分别进行 logistic 和多元线性回归分析时存在样本数量不足。

二、进一步研究展望

1. 土地发展权定价方法的改进。

农地由于市场价值的不完备，现有的农地价值多为其农用价值，因此对于农地的发展权点状估计颇为困难，本研究中仍未能建立有效的估价模型对其进行具体估计。而对于农地，尤其是开发压力较大的农地，转移成建设用地时的征地补偿价格与开发受限为农用的补偿金额的确定需要更为精确具体。因此对于农地发展权的点状定价方法值得进一步探讨分析。

2. 可购买发展权转移的分析。

本书中讨论的土地发展权是空间可转移土地发展权问题，假设的前提是发展权可以被转移。但如果在一些地区，如经济发达地区，愿意对发展剩余地区发展权进行购买。此时对土地发展权的需求区与供给区的收益影响如何？相关机制的设置又应怎样设置，亦值得深入探讨。

3. 土地发展权需求与供给影响因素分析。

土地发展权的转移是一项市场行为,因此对其定价只能形成一个指导价值,真正的土地发展权价值只有在交易中才能得以体现。而影响土地发展权交易价值的决定因素是土地发展权的需求与供给。因此,分析土地发展权需求与供给的影响因素一方面可以了解土地发展权市场价值的波动;另一方面也可以通过调控这些影响因素来平抑或上扬土地发展权价值,达到市场均衡的目的。

4. 土地发展权更广泛的应用。

文中对于土地发展权转移项目的假设是保护农地兼调控开发。在实际运用中,城市边缘地带的旧城改造和城中村土地发展权定价与补偿等问题也是土地发展权项目的实施范畴,对这些项目的分析也应逐步展开。

5. 土地发展权的分配补偿问题。

在土地发展权的空间转移过程中,发生的转移量和转移价值都涉及诸多利益主体,这些转移量和转移价值如何在各个利益主体之间进行合理分配,是涉及公平补偿、法律上的权利与义务关系的复杂问题,有待在今后予以深入研究。

参 考 文 献

[1]阿德莱德·布赖:《行为心理学入门》,四川人民出版社 1987 年版。

[2]边泰明:《限制发展土地之补偿策略与财产权配置》,中国地政研究所 1997 年版。

[3]蔡银莺、李晓云、张安录:《湖北省农地资源价值研究》,《自然资源学报》2007 年第 22 期。

[4]柴强:《各国(地区)制度与政策》,北京经济学院出版社 1993 年版。

[5]陈佳骊、徐保根:《基于可转移土地发展权的农村土地整治项目融资机制分析——以浙江省嘉兴市秀洲区为例》,《农业经济问题》2010 年第 10 期。

[6]陈平:《建立土地开发权转让制度》,《中国国土资源报》1999 年 3 月 5 日。

[7]陈泉生:《论土地征用之补偿》,《法律科学》1994 年第 5 期。

[8]陈征:《社会主义城市级差地租》,《中国社会科学》1995 年第 1 期。

[9]成桂钦:《我国土地发展权配置与流转制度研究》,硕士学位论文,中国地质大学,2010 年。

[10]崔新蕾、张安录:《农地城市流转的选择价值研究》,《中国土地科学》2008 年第 22 期。

[11]崔新蕾、张安录:《不同区域农地城市流转中选择价值测算》,《中国人口·资源与环境》2011 年第 21 期。

[12]崔新蕾、张安录:《选择价值在农地城市流转决策中的应用——以武汉市为例》,《资源科学》2011 年第 33 期。

[13]迪克西特、平迪克著:《不确定条件下的投资》,朱勇等译,中国人民大学出版社 2002 年版。

[14]丁成日:《土地价值与城市增长》,《城市发展研究》2002 年第 9 期。

[15]丁成日:《城市空间结构理论——单一城市中心的静态模型》,《城市发展研究》2006 年第 13 期。

[16]丁成日:《增长、结构和效率——兼评中国城市空间发展模式》,《城市发展研究》2008 年第 24 期。

[17]范辉、董捷:《试论农地发展权》,《农业经济》2005 年第 6 期。

[18]范辉:《农地发展权价格研究》,硕士学位论文,华中农业大学,2006 年。

[19]冯泓:《从辩证逻辑角度理解级差地租 Ⅱ》,《南京财经大学学报》2005 年第 132 期。

[20]冯邦彦、叶光毓:《从区位理论演变看区域经济理论的逻辑体系构建》,《经济问题探索》2004 年第 4 期。

[21]谷绍勇:《房屋租赁权源探究》,《人民法院报》2000 年 9 月 5 日第 3 版。

[22]郭尊光、孔涛、李鹏飞、张微:《基于最优实施边界的美式期权定价的数值方法》,《山东大学学报》(理学版)2012 年第 47 期。

[23]贺文媛:《实物期权在价值评估中的应用研究》,博士学位论文,对外经济贸易大学,2006 年。

[24]洪开荣:《战略性区位理论及其发展》,《地域研究与开发》2002 年第 21 期。

[25]黄祖辉、汪晖:《非公共利益性质的征地行为与土地发展权补偿》,《经济研究》2002 年第 5 期。

[26]胡碧霞、姜栋:《部分国家和地区土地空间利用法律制度比较》,《中国土地科学》2010 年第 24 期。

[27]季禾禾、周生路:《冯昌中试论我国农地发展权定位及农民分享实现》,《经济地理》2005 年第 23 期。

[28]贾东芳:《离散模型下的美式期权定价》,硕士学位论文,河南理工大学,2010 年。

[29]贾海波:《农地发展权的设立与权利属性》,《中国土地》2005 年第 10 期。

[30]金小琴:《征地中的失地农民权益保障研究——基于 112 个农户的调查与分析》,硕士学位论文,四川农业大学,2006 年。

[31]金相郁:《20 世纪区位理论的五个发展阶段及其评述》,《经济地理》2006 年第 24 期。

［32］靳相木、沈子龙：《国外土地发展权转让理论研究进展》，《经济地理》2010 年第 30 期。

［33］鞠海龙、贺雪梅、张心盼：《土地发展权缺失带给农民经济损失的度量及补偿途径分析》，《当代经济》2007 年第 4 期。

［34］康媛、霍迎：《借鉴英国土地发展权重设我国土地权利体系》，《法制与社会》2009 年第 34 期。

［35］赖志忠：《论农村集体土地发展权的归属》，《南方农村》2009 年第 2 期。

［36］李春梅、林伯海：《"地价入股"：新农村建设中征地补偿新模式》，《中国行政管理》2007 年第 3 期。

［37］李荣彬、项英辉：《对近年来我国建设用地扩张的分析》，《沈阳建筑大学学报（社会科学版）》2007 年第 9 期。

［38］李世平：《土地发展权浅说》，《国土资源科技管理》2002 年第 19 期。

［39］李信儒、马超群、李昌军：《基于 Hedonic 价格模型的城镇基准地价研究》，《系统工程》2005 年第 23 期。

［40］李延荣：《从征地改革看征用补偿制度的完善》，《法学杂志》2004 年第 25 期。

［41］李祖全：《农地发展权之法律建构——以私权为研究视点》，《时代法学》2009 年第 1 期。

［42］梁慧星：《中国物权法研究（下）》，法律出版社 1998 年版。

［43］梁仁旭、陈奉瑶：《土地选择权价值之实证分析》，《不动产开发与投资和不动产金融——2005 年海峡两岸土地学术研讨会论文集》。

［44］林汉燕、邓国和：《分数次 Black-Scholes 模型下美式期权定价的一种二次近似方法》，《广西科学》2011 年第 18 期。

［45］林元兴、陈贞君：《容积移转与古迹保存》，《中国土地科学》1999 年第 13 期。

［46］刘国臻：《论土地发展权在我国土地权利体系中的法律地位》，《学术研究》2007 年第 4 期。

［47］刘国臻：《论美国的土地发展权制度及其对我国的启示》，《法学评论》2007 年第 143 期。

［48］刘国臻：《论我国设置土地发展权的必要性和可行性》，《河北法学》2008 年第 8 期。

［49］刘敏：《美式期权定价的几种数值解法》，硕士学位论文，中南石油大学，

2010 年。

[50]刘明明、卢群群:《论土地征用中农地发展权的保护》,《土地经济与管理》2006
年第 3 期。

[51]刘明明、卢群群:《土地立法新探——以土地发展权为视角》,《环境法治与建
设和谐社会——2007 年全国环境资源法学研讨会(年会)论文集(第二册)》,2007 年。

[52]刘涛、刘丽霞:《基于实物期权的土地转化开发决策研究》,《数学的实践与认
识》2009 年第 39 期。

[53]刘卫东:《新时期城市基准地价更新与应用问题研究》,《经济地理》2003 年第
23 期。

[54]马爱慧:《耕地生态补偿及空间效益转移研究》,博士学位论文,华中农业大
学,2011 年。

[55]马爱慧、蔡银莺、张安录:《基于土地优化配置模型的耕地生态补偿框架》,《中
国人口·资源与环境》2010 年第 20 年。

[56]聂鑫:《农地城市流转中失地农民多维福利影响因素和测度研究》,博士学位
论文,华中农业大学,2011 年。

[57]任小宁:《农地发展权价格评估研究》,博士学位论文,长安大学,2008 年。

[58]任耀:《耕地发展权价格评估与交易机制研究》,博士学位论文,湖南师范大
学,2010 年。

[59]任艳胜、张安录、邹秀清:《限制发展区农地发展权补偿标准探析——以湖北
省宜昌、仙桃部分地区为例》,《资源科学》2010 年第 32 期。

[60]任艳胜:《基于主体功能分区的农地发展权补偿研究》,博士学位论文,华中农
业大学,2010 年。

[61]申京诗:《建议设立农地发展权和城市土地开发经营权》,《中国土地》2006 年
第 2 期。

[62]宋国明:《境外土地征用赔偿制度概览》,《河南国土资源》2003 年第 12 期。

[63]宋敏:《农地城市流转的外部性与社会理性决策研究》,博士学位论文,华中农
业大学,2009 年。

[64]苏明达:《愿意支付价值最佳效率指标之建构和验证》,《台湾农业经济评论》
2004 年第 9 期。

[65]孙弘:《中国土地发展权研究:土地开发与资源保护的新视角》,中国人民大学

出版社 2004 年版。

［66］孙鹏：《金融衍生产品中美式与亚式期权定价的数值方法研究》，博士学位论文，山东大学，2007 年。

［67］谭荣：《中国农地发展权之路：治理结构改革代替产权结构改革》，《管理世界》2010 年第 6 期。

［68］汤芳：《农地发展权定价研究》，硕士学位论文，华中农业大学，2005 年。

［69］汤志林：《我国农地征用监管制度的困境与优化——基于农地发展权视角》，《农业经济》2006 年第 10 期。

［70］万磊：《土地发展权的法经济学分析》，《重庆社会科学》2005 年第 9 期。

［71］万磊：《土地发展权的物权价值分析及保护对策初探》，《国土资源》2005 年第 10 期。

［72］汪晗、张安录：《基于科斯定理的农地发展权市场构建研究》，《理论月刊》2009 年第 7 期。

［73］汪晗、聂鑫、张安录：《武汉市农地发展权定价研究》，《中国土地科学》2011 年第 7 期。

［74］汪晗、聂鑫、张安录：《可转移发展权对于土地开发量影响研究——以武汉市洪山区为例》，《城市发展研究》2011 年第 10 期。

［75］汪晗、张安录：《可转移发展权对于开发的影响分析》，《2009 年中国土地学会学术年会论文集》，大地出版社 2009 年版。

［76］汪晖、陶然：《论土地发展权转移与交易的"浙江模式"——制度起源、操作模式及其重要含义》，《管理世界》2009 年第 8 期。

［77］汪乐勤、孙佑海：《经营性土地出让中的博弈分析》，《中国土地科学》2007 年第 21 期。

［78］王克忠：《试论城市级差地租Ⅲ》，《上海市经济管理干部学院学报》2005 年第 3 期。

［79］王丽芳：《农村土地信托保护模式下的土地可转移发展权运作模式研究》，《北京农业》2007 年第 15 期。

［80］王湃、凌雪冰、张安录：《农地选择价值研究的进展与趋势》，《长江流域资源与环境》2010 年第 19 期。

［81］王湃：《农地城市流转的选择价值：理论、方法及其运用》，博士学位论文，华中

农业大学,2010年。

[82]王万茂、臧俊梅:《试析农地发展权的归属问题》,《国土资源科技管理》2006年第3期。

[83]王永慧、严金明:《农地发展权界定、细分与量化研究》,《中国土地科学》2007年第21期。

[84]魏兵:《对土地估价的收益还原法和假设开发法的理论分析》,硕士学位论文,吉利大学,2004年。

[85]魏伟忠、张旭昆:《区位理论分析传统述评》,《浙江社会科学》2005年第9期。

[86]吴宇哲、吴次芳:《基于Kriging技术的城市基准地价评估研究》,《经济地理》2001年第21期。

[87]吴郁玲、曲福田、冯忠垒:《论我国农地发展权定位与农地增值收益的合理分配》,《农业经济》2006年第7期。

[88]吴宗奇:《容积转移(TDR)作为历史保存手段的神话(Myth)建构——大稻埕历史风貌街区为借镜》,硕士学位论文,淡江大学,2007年。

[89]武井利行:《日本容积率移转制度与相关法律之演进》,《"内政部营建署"容积移转研讨会论文》,1999年。

[90]姚继兰、聂宜民、张海燕、张开瑞:《小城镇基准地价更新方法研究》,《西南农业大学学报》(自然科学版)2006年第28期。

[91]叶芳:《土地发展权在我国私权体系中的定位》,《郑州航空工业管理学院学报》2010年第28期。

[92]游霞:《我国农地发展权的归属》,《企业导报》2010年第12期。

[93]余瑞祥:《级差地租论——对马克思地租理论的新说明》,《经济评论》1999年第3期。

[94]原卿章:《武汉城市圈综改方案获国务院正式批复》,2008年9月18日(http://news.qq.com/a/20080918/000107.htm)。

[95]约翰·冯·杜能:《孤立国同农业和国民经济的关系》,商务印书馆1997年版。

[96]臧俊梅、王万茂:《从土地权利变迁谈我国农地发展权的归属》,《国土资源》2006年第6期。

[97]臧俊梅:《土地发展权的创设及其在农地保护中的运用研究》,博士学位论文,

南京农业大学,2007 年。

[98]臧俊梅、王万茂、陈茵茵:《农地发展权价值的经济学分析》,《经济体制改革》2008 年第 4 期。

[99]张安录:《城乡生态经济交错区土地资源可持续利用与管理研究》,博士学位论文,华中农业大学,1999 年。

[100]张安录:《城乡生态经济交错区农地城市流转机制与制度创新》,《中国农村经济》1999 年第 7 期。

[101]张安录:《可转移发展权与农地城市流转控制》,《中国农村观察》2000 年第 2 期。

[102]张金明、刘洪玉:《实物期权与土地开发决策模型》,《土木工程学报》2004 年第 37 期。

[103]张蓬涛、杨红:《基于神经网络的基准地价预测模型研究——以河北省主要城市为例》,《中国土地科学》2000 年第 14 期。

[104]张友安:《土地发展权的配置与流转研究》,博士学位论文,华中科技大学,2006 年。

[105]张裕凤:《论土地估价应遵循的原则》,《内蒙古师大学报》(哲学社会科学版)1998 年第 2 期。

[106]周建春:《中国耕地产权与价值研究——兼论征地补偿》,《中国土地科学》2007 年第 21 期。

[107]周建国:《我国农地发展权的制度缺失与建构》,《行政论坛》2010 年第 3 期。

[108]朱启臻、窦敬丽:《新农村建设与失地农民补偿——农地发展权视角下的失地农民补偿问题》,《中国土地》2006 年第 4 期。

[109]诸培新、曲福田:《农地非农化配置中的土地收益分配研究——以江苏省 N 市为例》,《南京农业大学学报》(社会科学版)2006 年第 6 期。

[110]祝平衡、伍新木:《土地发展权价值研究》,《生态经济》2009 年第 3 期。

[111]邹钟星、祝平衡:《土地发展权价格的测算方法》,《统计与决策》2009 年第 4 期。

[112]Amram M,Kulatilaka N.,Real Options:Managing Strategic Investment in an Uncertain World,General Information,1998,(3):145-167.

[113]Andrew J.P.& Douglas J.M.,Agricultural Value and Value of Rights to Future

Land Development, *Land Economics*, February 2001, pp.56-67.

[114] Arik Levinson, Why oppose TDRs?: Transferable Development Rights can Increase Overall Development/Regional, *Science & Urban Economics*, Vol.283, No.27. May 2000.

[115] B. Budd Chavooshian, Thomas Norman, Transfer of Development Rights: A New Concept in Land-Use Management, *The Appraisal Journal*, July 1975, pp.400-409.

[116] Bethany Lavigno. Jeffrey Dorfman, Barry Barnett, and John Bergstrom, Farmland Preservation in Georgia: Three Possible Roads to Success, *Rearch gate* May 10, 2004, pp.18, 21, 42, 46.

[117] Brach M A, *Real Options in Practice*, Hoboken, NJ: John Wiley & Sons, Inc, 2003.

[118] Capozza Dennis R, Sick Gordon A., The Risk Structure of Land Market. *Journal of Urban Economics*, 1994(35):297-319.

[119] Carson, R.T. and R.C. Mitchell, Sequencing and Nesting in Contingent Valuation Surveys, *Journal of Environmental Economics and Management*, 1995, 28(2):155-173.

[120] Chavooshian B.B., Thomas N., Transfer of Development Rights: A New Concept in Land-Use Management, *The Appraisal Journal*, 1975(6):400-409.

[121] Ciriacy-Wantivp, S. (1947), Capital Returns from Soil-Conservation Practices, *Journal of Farm Economics 29*:1181-1196.

[122] Coase R.H., The Federal Communication Commission, *Journal of Law and Economics* 1959, 2(1):1-40.

[123] Coase R.H., The Problem of Social Cost, *Journal of Law and Economics*, 1960, 3 (1):1-44.

[124] Cooter, Robert, The Cost of Coase, *Journal of Legal Studies*, 1982, 11(1), 1-33.

[125] Corpeland T, Antikarov V, *Real Options: A Practitioner's Guide*, Texere, New York, London, 2001.

[126] Corpeland T, Koller T, Murrin J., *Valuation: Measuring and Managing the Value of Companies*, 3rd Edition. Mckinsey&Company, Inc.2000.

[127] Cynthia J.N., Lori Lynch, The Effect of Farmland Preservation Programs on Farmland Prices, *Amer. J. Agr. Econ. 83(2)*, May 2001, pp.341-351.

[128] Dale J.Price, An Economic Model for the Valuation of Farmland TDRs, *The Appraisal Journal*, October 1981, pp.547-555.

[129] Daniels, T., & Bowers, D., *Holding Our Ground: Protecting American Farms and Farmland*, Washington D.C.: Island Press., 1997:51-76.

[130] Daubenmire, Joe and Tomas W. Blaine, *Purchase of Development Rights*, Ohio State University Fact Sheet, Community Development Department, CDFS-1263-98.

[131] David, A.N., *Spatial Economic Models of Land Use Change and Conservation Targeting Strategies* (Ph D Dissertation), University of Californial, Berkeley, 2002.

[132] Elizabeth K., Virginia M. and Margaret W., Making Markets for Development Rights Work: What Determines Demand?, *Land Economics*, 2008, 84(1): 1-16.

[133] Erik Lichtenberg. Urbanization, Industrialization, and Farmland Conversion in China. 2005.

[134] Forsyth. M., On Estimating the Option Value of Preserving, *Canadian Journal of Economics/Revue canadienne d' Economique*, Vol.33, No.2. May 2000.

[135] Fulton, Willam, Jan Mazutrk, Rick Pruetz, and Chris Williamson, *TDR and Other Market-based Land Mechanisms: How They Work and Their Role in Shaping Metropolitan Growth*, The Brookings Institution Center on Urban and Metropolitan Policy, June 2004.

[136] Gerald Lloyd, *Transferable Density in Connection with Zoning*, Technical bulletin, 1961.

[137] Hanson, W.S. 1996. Public Interest Value and Noneconomic Highest & Best Use: The Appraisal Institute's Position. *Valuation Insights and Perspectives1*(2): 48.

[138] Hayes Robert H, Garvin David A., Managing as Tomorrow Mattered, *Harvard Business Review*, 1982(60): 71-79.

[139] Henry A. Babcock, The Applicable Method for Valuation of Undeveloped Land for Which There Is No Current Market, *Published in Valuation*, vol.22, no.1 (June 1975).

[140] Hodder James E, Riggs Henry E., Pitfall in Evaluating Risky Project, *Harvard Business Review*, 1985(63): 128-135.

[141] Hui wang, Ran Tao, Juer Tong, Trading Land Development Rights under a Planned Land Use System: The "Zhejiang Model", *China & World Economy*, 2009, (17): 66-82.

[142] James C. Nicholas, Transferable Development Rights in the Rural Fringe Area, *Workng Paper* September 2003.

[143] Jeffrey H. Dorfman, Jorge H. Atiles, Jamie Baker Roskie, *The Feasibility of a Trans-*

ferable Development Rights Program for Athens-Clarke County, Georgia, Athens-Clarke County Planning Department, 2005, 2.

[144] John B.W. and Rhonda S., Purchase of Development Rights and Conservation Easements: Frequently Asked Questions, *NMSU and the U. S. Department of Agriculture Cooperating*, November 2002.

[145] John C. D., TDRs——Great Idea But Questionable Value, *The Appraisal Journal*, April 1997, pp.133−142.

[146] Kahmeman, D. and J.L. Knetsch, Valuing Public Goods: the Purchase of Moral Satisfaction, *Journal of Environmental Economics and Management*, 1992, 22(1):57−70.

[147] Ken G.S., Knowledge Exchange and Combination: The Role of Human Resource Practices in the Peferormance of Hightechnology Firms, *Academy of Management Journal*, 2006, Vol.49, No.3, pp.544−560.

[148] Kenneth M.C., Transferable Development Rights and Forest Protection: An Exploratory Analysis, *International Regional Science Review*, 2004, 27(3):348−373.

[149] Leonie B. J., Space for Space, a Transferable Development Rights Initiative for Changing the Dutch Landscape, *Landscape and Urban Planning*, 2008, 87(6):192−200.

[150] Marin Agricultral Land Trust. Development or Farmland? News letter. Fall 2001. http://www.malt.org/about/history.html.2005. 10. 18.

[151] Mayers Steward C., Determinants of Corporate Borrowing, *Journal of Financial Economics*, 1977(5):147−176.

[152] Michael D.K., Patricia M., Rick P., Planners' Experiences in Managing Growth Using Transferable Development Rights(TDR) in the United States, *Land Use Policy*, 2008, 25 (2):378−387.

[153] Mitchell R.C., Carson R.T., *Using Surveys to Value Public Goods: The Contingent Valuation Method*, Washington DC: Resourcefor the Future, 1989.

[154] Patricia L. Machemer, Michael D. Kaplowitz., A Framework for Evaluating Transferable Development Rights Programmes, *Journal of Environmental Planning and Management*, 2002, (6):773−745.

[155] Peter J.P., A Review of Transfer of Development Rights, *The Appraisal Journal*, July(1978).

［156］Ronald Harry Coase,The Nature of the Firm,*Economica*:1937.4(16).

［157］Ronald Harry Coase,The Problem of Social Cost,*Journal of Law and Economia*,3 (1):1960.

［158］R.S.Radford Takings and Transferable Development Rights in the Supreme Court: The Constitutional Status of TDRs in the Aftermath of Suitum Stetson Law,*Review 1999*,Vol. 28. pp.685-699.

［159］Steven B.Mitchell,Bruce B.Johnson,Valuing Farmland Conservation Easements, *University of Nebraska Lincoln Extension*,June,2001.

［160］Theodore Panayotou,Conservation of Biodiversity and Economic Development:The Concept of Transferable Development Right,*Environmental and Resource Economics*,1994, (4):91-110.

［161］Thomas L.D.,"Coordinating Opposite Approuches to Managing Urban Growth and Curbing Sprawl",*American Journal of Economics and Sociology*,2001,Vol. 60 No.l,pp.229-243.

［162］Thomas W. Blaine, Frank R. Lichtkoppler, Reed Stanbro, An Assessment of Residents' Willingness to Pay for Green Space and Farmland Preservation Conservation Easements Using the Contingent Valuation Method (CVM), *Journal Extension*, August 2003. Volume 41 Number 4.

［163］Timan Sheridan, Urban Land Prices under Uncertainty, *American Economic Review*,1985(75):505-514.

［164］Timothy,J.R.,"The Economic Consequences of Regulatory Taking Risk on Land Value and Development Activity",*Journal of Urban Economics*,1997,No.41,pp.56-77.

［165］Vicary, B., 1994, Trends in Appraising Conservation Easements, *The Appraisal Journal*(January):138-143.

［166］Virginia Mcconnell,Elizabeth Kopits,Margaret Walls,How Well Can Markets for Development Rights Work? Evaluating a Farmland Preservation Program/Resources for the Future,*Discussion Paper*,March 2003.

［167］Vitaliano,D.F.,and C.Hill,Agricultural Districts and Farmland Prices,*Journal of Real Estate Finance and Economics*,1994,8(3):213-236.

［168］Warnert,Jeannette,*Cash and Love of Land Motivate Farmers to Sell Development Rights*,University of California,Agricultural and National Resources,2001,22(1):209-223.

[169] Wiebe, K., A.Tegene, B.Kuhn, 1996, Partial Inerests in Land: Policy Tools for Resource Use and Conservation, *US Department of Agriculture*, *Economic Research Service*, *Agricultural Economic Report No.744.*

[170] Willis P., "Land Quality and Price", *American Journals of Agriculture* 1986, No.6, pp.812−819.

附录 I   市地发展权价值评估(预调查)

市地发展权价值评估(预调查)

问卷编号:_____

调查区位:武汉市东西湖区_____ 街(路)_____号

名词解释:

1. 容积率:指一个小区的总建筑面积与用地面积的比率。

2. 基准地价:对不同地域或不同级别的土地,按照商业、居住、工业等用途,分别评估确定的最高年限期土地使用权的平均价格。

城市中,每一块土地都受到各种各样规划的限制,例如《土地利用总体规划》、《城市总体规划》等,这些限制包括对于其用途、使用程度等各个方面,使得现有的土地利用按规划限制进行,不能自由进行开发利用。

1)您认为国家制定的规划对城市用地价值是否有影响?

①有　②没有　③不知道

2)您认为您现在所处位置周边的基准地价的制定是否合理?

住宅用地:2731 元/m²(使用年限 70 年,容积率 1.6)

①过高　②过低　③合理　④不确定

商业用地:5568 元/m²(使用年限 40 年,容积率 2.0)

①过高　②过低　③合理　④不确定

工业用地:449 元/m²　(使用年限 50 年,容积率 1.0)

①过高　②过低　③合理　④不确定

3）假设您现在所处位置周边现有一块没有用途限制、没有容积率限制（在基础设施承受范围内）、没有开发时间限制的空地,您可以选择将其空置,将其作为休闲农地,将其进行商业、住宅等用途的开发等用途,请问您愿意为这一空地支付_____元/m² 的价格。

4）您能够明白此次调查的支付意愿是在假设的前提下进行的吗?

①明白   ②不明白

5）如果假设转为实际,您会完全按所说的支付意愿支付土地价格码?

①完全会   ②不会   ③捐部分

6）问卷里的名词概念您是否能够理解?

①完全理解   ②一般   ③有些地方不太清楚   ④完全不理解

7）您在回答支付意愿时,是否受到前面提供的现行基准地价的影响?

①很大影响   ②部分受影响   ③完全不受影响

8）您的性别:①男性   ②女性

9）您的年龄:(   )

10）您的受教育程度:

①未受教育   ②小学   ③初中   ④高中（中专）   ⑤大专   ⑥本科   ⑦硕士   ⑧博士

11）您的政治面貌:①中共党员   ②民主党派   ③共青团员   ④无党派

12）您的家庭年总收入约为(   ):

①1 万元以下   ②1 万—2 万元   ③2 万—3 万元   ④3 万—4 万元   ⑤4 万—5 万元   ⑥5 万—6 万元   ⑦6 万—7 万元   ⑧7 万—8 万元   ⑨8 万—9 万元   ⑩9 万—10 万元   ⑪10 万—20 万元   ⑫20 万—30 万元   ⑬30 万—50 万元   ⑭50 万元以上

附录 II 中心城区市地发展权价值评估问卷

市地发展权价值评估(武昌区、硚口区、江汉区)

问卷编号:＿＿＿＿＿＿＿＿＿＿＿

调查区位:武汉市武昌区/硚口区/江汉区＿＿＿＿＿＿ 街(路)＿＿＿＿＿＿号

名词解释:

1. 容积率:指一个小区的总建筑面积与用地面积的比率。

2. 基准地价:对不同地域或不同级别的土地,按照商业、居住、工业等用途,分别评估确定的最高年限期土地使用权的平均价格。

城市中,每一块土地都受到各种各样规划的限制,例如《土地利用总体规划》、《城市总体规划》等,这些限制包括对于其用途、使用程度等各个方面,使得现有的土地利用按规划限制进行,不能自由进行开发利用。

第一部分:

1)您认为国家制定的规划对城市用地价值是否有影响?

①有 ②没有 ③不知道

2)您认为现在所处位置周边的基准地价的制定是否合理?

住宅用地:8542.10 元/m²(使用年限70年,容积率1.6)

①过高 ②过低 ③合理 ④不确定

商业用地:20673.51 元/m²(使用年限40年,容积率2.0)

①过高　②过低　③合理　④不确定

工业用地:1608.00 元/㎡　（使用年限 50 年,容积率 1.0）

①过高　②过低　③合理　④不确定

3）您认为取消对于土地的用途限制对于土地价格的影响是_____?

①价格上升　②价格降低　③没有影响　④不确定

4）您认为取消对于土地的容积率限制对于土地价格的影响是_____?

①价格上升　②价格降低　③没有影响　④不确定

5）您认为取消对于土地的开发时间限制对于土地价格的影响是_____?

①价格上升　②价格降低　③没有影响　④不确定

6）假设您现在所处位置周边现有一块没有用途限制、没有容积率限制（在基础设施承受范围内）、没有开发时间限制的空地,您可以选择将其空置,将其作为休闲农地,将其进行商业、住宅等用途的开发等用途,请问您愿意为这一空地支付_____元/㎡ 的价格。

①0—2000　　②2001—4000　　③4001—6000　　④6001—8000

⑤8001—10000 ⑥10001—15000　⑦15001—20000　⑧20000 以上

7）您能够明白此次调查的支付意愿是在假设的前提下进行的吗?

①明白　　　②不明白

8）如果假设转为实际,您会完全按所说的支付意愿支付土地价格吗?

①完全会　　②不会　　③支付部分

9）您在回答支付意愿时,是否受到前面提供的现行基准地价的影响?

①很大影响　　②部分受影响　　③完全不受影响

第二部分:

1）您的性别:①男性　②女性

2）您的年龄:（　　　）

3）您的受教育程度:（　　　）

①未受教育②小学③初中④高中(中专)⑤大专⑥本科⑦硕士⑧博士

4)您的政治面貌为:(　　　)

①中共党员　②民主党派　③共青团员　④无党派

5)您的家庭年总收入约为(　　　):

①1万元以下　②1万—2万元　③2万—3万元　④3万—4万元
⑤4万—5万元　⑥5万—6万元　⑦6万—7万元　⑧7万—8万元　⑨8万—9万元　⑩9万—10万元　⑪10万—20万元　⑫20万—30万元
⑬30万—50万元　⑭50万元以上

谢谢您的合作!

祝您生活愉快!

附录Ⅲ 一般城区市地发展权价值评估问卷

市地发展权价值评估(汉阳区、洪山区)

问卷编号:_____

调查区位:武汉市汉阳区/洪山区_____街(路)_____号

名词解释:

1. 容积率:指一个小区的总建筑面积与用地面积的比率。

2. 基准地价:对不同地域或不同级别的土地,按照商业、居住、工业等用途,分别评估确定的最高年限期土地使用权的平均价格。

城市中,每一块土地都受到各种各样规划的限制,例如《土地利用总体规划》、《城市总体规划》等,这些限制包括对于其用途、使用程度等各个方面,使得现有的土地利用按规划限制进行,不能自由进行开发利用。

第一部分:

1)您认为国家制定的规划对城市用地价值是否有影响?

①有 ②没有 ③不确定

2)您认为现在所处位置周边的基准地价的制定是否合理?

住宅用地:6102.99 元/m²(使用年限 70 年,容积率 1.6)

①过高 ②过低 ③合理 ④不确定

商业用地:14426.70 元/m²(使用年限 40 年,容积率 2.0)

①过高 ②过低 ③合理 ④不确定

工业用地:1238.94 元/m² （使用年限 50 年,容积率 1.0）

①过高 ②过低 ③合理 ④不确定

3)您认为取消对于土地的用途限制对于土地价格的影响是_____?

①价格上升 ②价格降低 ③没有影响 ④不确定

4)您认为取消对于土地的容积率限制对于土地价格的影响是_____?

①价格上升 ②价格降低 ③没有影响 ④不确定

5)您认为取消对于土地的开发时间限制对于土地价格的影响是_____?

①价格上升 ②价格降低 ③没有影响 ④不确定

6)假设您现在所处位置周边现有一块没有用途限制、没有容积率限制(在基础设施承受范围内)、没有开发时间限制的空地,您可以选择将其空置,将其作为休闲农地,将其进行商业、住宅等用途的开发等用途,请问您愿意为这一空地支付_____元/m² 的价格。

①0—2000 ②2001—4000 ③4001—6000 ④6001—8000
⑤8001—10000 ⑥10001—15000 ⑦15001—20000 ⑧20000 以上

7)您能够明白此次调查的支付意愿是在假设的前提下进行的吗?

①明白 ②不明白

8)如果假设转为实际,您会完全按所说的支付意愿支付土地价格吗?

①完全会 ②不会 ③支付部分

9)您在回答支付意愿时,是否受到前面提供的现行基准地价的影响?

①很大影响 ②部分受影响 ③完全不受影响

第二部分:

1)您的性别:①男性 ②女性

2)您的年龄:(   )

3)您的受教育程度:(   )

①未受教育②小学③初中④高中(中专)⑤大专⑥本科⑦硕士⑧博士

4)您的政治面貌为:(   )

①中共党员 ②民主党派 ③共青团员 ④无党派

5)您的家庭年总收入约为(   ):

①1万元以下 ②1万—2万元 ③2万—3万元 ④3万—4万元
⑤4万—5万元 ⑥5万—6万元 ⑦6万—7万元 ⑧7万—8万元 ⑨8
万—9万元 ⑩9万—10万元 ⑪10万—20万元 ⑫20万—30万元
⑬30万—50万元 ⑭50万元以上

谢谢您的合作!

祝您生活愉快!

市地发展权价值评估(青山区)

问卷编号:_____

调查区位:武汉市青山区_____ 街(路)_____号

名词解释:

1. 容积率:指一个小区的总建筑面积与用地面积的比率。

2. 基准地价:对不同地域或不同级别的土地,按照商业、居住、工业等用途,分别评估确定的最高年限期土地使用权的平均价格。

城市中,每一块土地都受到各种各样规划的限制,例如《土地利用总体规划》、《城市总体规划》等,这些限制包括对于其用途、使用程度等各个方面,使得现有的土地利用按规划限制进行,不能自由进行开发利用。

第一部分:

1)您认为国家制定的规划对城市用地价值是否有影响?

①有   ②没有   ③不知道

2）您认为现在所处位置周边的基准地价的制定是否合理？

住宅用地：4664.08 元/m²（使用年限 70 年，容积率 1.6）

①过高　②过低　③合理　④不确定

商业用地：9814.36 元/m²（使用年限 40 年，容积率 2.0）

①过高　②过低　③合理　④不确定

工业用地：919.00 元/m²　（使用年限 50 年，容积率 1.0）

①过高　②过低　③合理　④不确定

3）您认为取消对于土地的用途限制对于土地价格的影响是_____？

①价格上升　②价格降低　③没有影响　④不确定

4）您认为取消对于土地的容积率限制对于土地价格的影响是_____？

①价格上升　②价格降低　③没有影响　④不确定

5）您认为取消对于土地的开发时间限制对于土地价格的影响是_____？

①价格上升　②价格降低　③没有影响　④不确定

6）假设您现在所处位置周边现有一块没有用途限制、没有容积率限制（在基础设施承受范围内）、没有开发时间限制的空地，您可以选择将其空置，将其作为休闲农地，将其进行商业、住宅等用途的开发等用途，请问您愿意为这一空地支付_____元/m² 的价格。

①0—2000　　②2001—4000　　③4001—6000　　④6001—8000

⑤8001—10000 ⑥10001—15000　⑦15001—20000　⑧20000 以上

7）您能够明白此次调查的支付意愿是在假设的前提下进行的吗？

①明白　　　②不明白

8）如果假设转为实际，您会完全按所说的支付意愿支付土地价格吗？

①完全会　　②不会　　③支付部分

9）您在回答支付意愿时，是否受到前面提供的现行基准地价的影响？

①很大影响　②部分受影响　③完全不受影响

第二部分:

1)您的性别:①男性　②女性

2)您的年龄:(　　　)

3)您的受教育程度:(　　　)

(1)未受教育(2)小学(3)初中(4)高中(中专)(5)大专(6)本科(7)硕士(8)博士

4)您的政治面貌为:(　　　)

(1)中共党员　(2)民主党派　(3)共青团员　(4)无党派

5)您的家庭年总收入约为(　　　):

(1)1万元以下　(2)1万—2万元　(3)2万—3万元　(4)3万—4万元　(5)4万—5万元　(6)5万—6万元　(7)6万—7万元　(8)7万—8万元　(9)8万—9万元　(10)9万—10万元　(11)10万—20万元　(12)20万—30万元　(13)30万—50万元　(14)50万元以上

谢谢您的合作!

祝您生活愉快!

附录Ⅳ　农地发展权价值评估
（预调查问卷）

农地发展权价值评估（预调查问卷）

各位受访者,您好:

　　我们是华中农业大学经济管理学院的学生,我们正在进行一项农地发展权价值的调查。其主要目的是了解不同地区居民对农地发展权认知状况和农地发展权价值受偿意愿,并据以进行科学的分析研究,为测算合理农地发展权价值提供依据。填写此问卷是不记名的,希望您在填写时不要有任何顾虑。

　　谢谢您真诚的合作。请在每题的选项上打"√"。

　　调查单位:华中农业大学土地管理学院　　　　问卷编号:

　　调查村名:武汉市　　　　区(乡、镇)　　　村(居委会)　　　组

一、居民个人基本情况

1)性别_____①男　②女

2)年龄_____①18—30 岁　②31—45 岁　③46—60 岁　④60 岁以上

3)受教育程度_____①初中或以下　②高中　③大学专科本科④研究生或以上

4)家庭常住人口_____①1 人　②2 人　③3 人　④4 人　⑤其他

_____人

5)您家每月总收入水平大概属于以下的哪一类?　_____元/月

①1000 以下　②1000—3000　③3000—5000　④5000 以上

二、居民对农地发展权的认知程度

1)您认为农地属于_____所有

①国家　②农村集体　③自己　④不知道

2)您认为您是否有权利改变农地的用途(包括改变种植方式、改为建设用地等)_____

①有　②没有　③不知道

3)您是否希望将农地转为其他用途_____

①有　②没有　③不知道

4)您了解目前的农地保护政策吗?_____

①非常了解　②比较了解　③不太了解　④完全不了解

三、农户对农地发展权保护的受偿意愿(WTA)

1)如果政府现在给您自主处置农地的权利,允许您将农地转化为各种用途,但要求您支付一定的费用或义务劳动,您是否愿意?_____(若愿意支付费用转至第 2 题,愿意义务劳动转至第 3 题,不愿意直接跳至第四部分)

①愿意支付费用　②愿意义务劳动　③不愿意

2)如果愿意支付费用,您最多愿意支付_____元/亩/年

3)如果愿意义务劳动,您最多愿意每年义务劳动_____天/亩

4)您觉得您一天劳动的工资应为_____元

四、农民投入成本和产出效益

本地一年种_____季作物。轮作方式是_____

您家共有_____亩地

每季每亩地农民的投入与收益情况：

1）每季每亩地投入_____元

2）每季每亩地收益_____元

非常感谢您帮助我们完成调查！

附录Ⅴ 农地发展权价值评估问卷

农地发展权价值评估问卷

各位受访者,您好:

我们是华中农业大学经济管理学院的学生,我们正在进行一项农地发展权价值的调查。其主要目的是了解不同地区居民对农地发展权认知状况和农地发展权价值受偿意愿,并据以进行科学的分析研究,为测算合理农地发展权价值提供依据。填写此问卷是不记名的,希望您在填写时不要有任何顾虑。

谢谢您真诚的合作。请在每题的选项上打"√"。

调查单位:华中农业大学土地管理学院　　　　　问卷编号:

调查村名:武汉市　　　　区(乡、镇)　　　　村(居委会)　　　组

一、居民对农地发展权的认知程度

1)您认为农地属于_____所有

①国家　②农村集体　③自己　④不知道

2)您认为您是否有权利改变农地的用途(包括改变种植方式、改为建设用地等)_____

①有　②没有　③不知道

3)您是否希望改变现有的土地用途(包括改变种植方式、改为建设用地等)_____

①是　②不是　③无所谓

4) 您了解目前的农地保护补偿政策吗?＿＿＿＿＿＿

①非常了解　②比较了解　③不太了解　④完全不了解

二、农户对农地发展权保护的受偿意愿(WTA)

1) 如果政府现在给您自主处置农地的权利,允许您将农地转化为各种用途,但要求您支付一定的费用,您是否愿意?＿＿＿＿＿＿＿(若愿意支付费用转至第 2 题,不愿意直接跳至第三部分)

①愿意　　②不愿意

2) 如果愿意支付费用,您最多愿意支付＿＿＿＿＿元/亩/年

①1000 元以下　②1001—2000 元　③2001—3000 元　④3001—4000 元　⑤4001—5000 元　⑥5001—6000 元　⑦6001—7000 元　⑧7001—8000 元　⑨8001—9000 元　⑩9001—11000 元　⑪11001—13000 元　⑫13001—15000 元　⑬15001—17000 元　⑭17001—19000 元　⑮19001—21000 元　⑯21000 元以上

三、农民投入成本和产出效益

种植结构	水　田	旱　地	菜　地	果　园	鱼　塘
复种季数					
耕作时间					
农地面积(亩)					
亩均投入					
亩净产出					
从事农业人口数					

四、支付意愿检验

1)您能够明白此次调查的支付意愿是在假设的前提下进行的吗?

①明白　　　　　　　②不明白

2)如果假设转为实际,您会完全按所说的支付意愿支付土地价格吗?

①完全会　　②不会　　③支付部分

3)您在回答支付意愿时,是否受到现行征地价格的影响?

①很大影响　　②部分受影响　　③完全不受影响

五、个人信息

1)您的性别:①男性　②女性

2)您的年龄:(　　　)

3)您的受教育程度:(　　　)

①未受教育　②小学　③初中　④高中(中专)　⑤大专　⑥本科
⑦硕士　⑧博士

4)您的政治面貌为:(　　　)

①中共党员　②民主党派　③共青团员　④无党派

5)您的家庭年总收入约为(　　　):

①1万元以下　②1万—2万元　③2万—3万元　④3万—4万元
⑤4万—5万元　⑥5万—6万元　⑦6万—7万元　⑧7万—8万元　⑨8
万—9万元　⑩9万—10万元　⑪10万—20万元　⑫20万—30万元
⑬30万—50万元　⑭50万以上

非常感谢您帮助我们完成调查!

后　　记

今日，书稿即将付梓，文章既成，百感交集。书稿完成后并没有想象中的喜悦轻松，反而更多的是一份沉重。书稿凝聚着许多人的努力、关心、帮助和期待，也是多年来学习、研究的一个总结，怎奈袜线之才、记问之学；少词语之精，多陋学之弊，这份不够优秀的书稿也只能是一个阶段性的成果，督促提醒着我在今后的工作和研究中更应当刻苦钻研，深自砥砺。

首先要特别感谢我的导师张安录教授。从2003年开始有幸执经问难于张老师，从本科生到研究生身份的转变，仿佛是又一次的"开蒙"，不仅是学习方法、研究方法的改变，更是人生观、价值观的重新树立。每每忆及张老师多年来对我的教导，总是忍不住的眼眶湿润。仰昌时雨之化，如坐春风之中，张老师开阔敏锐的思维，认真严谨的治学态度，实事求是的工作作风和为人师表的高尚风范给了我许多的启迪和教诲，这将使学生终生受益。

衷心感谢华中农业大学土地管理学院的韩桐魁教授、陆红生教授、杨钢桥教授、董捷教授、王秀兰教授、陈银蓉教授、黄朝禧教授、周德翼教授等，他们在我的学习和研究过程中给予了很多宝贵的意见。此外还需要感谢蔡银莺副教授、彭开丽副教授、胡伟艳副教授、闵敏老师、严丹老师，她们为书稿提出了诸多有益的建议。

感谢陈竹、钟海玥、黄滟、彭澎、李霜、张志、张孝宇、周琰、牛晓莉、张望、贺丹、文兰娇、黄珂在书稿的资料搜集过程中给予的帮助。问卷调查时值寒冬，感谢你们在寒风中认真地询问每一位受访者，书稿的完成离不开你们的努力与支持。

感谢我的父母对我的养育之恩,父母不仅是我生命中最重要的亲人,也是我的知心好友。当我遇到困难和挫折时,总是首先向他们倾诉,而他们也永远是我最坚实的后盾,父亲总是温言开导我,让我能够更坦荡、从容的面对生命中必经的磨难和考验;而母亲则总是爽朗地笑着说相信自己的女儿一定能行。从呱呱落地到学有初成,父母对我的教育付出了太多,父亲渐白的双鬓、母亲眼角的皱纹时常提醒我已长大成人,更需自强自立。如今女儿学有小成,就将这一份不完美的书稿送于双亲,少效千春之祝,聊表寸草之心。

感谢我的爱人聂鑫博士,5年以来,他同时扮演着伴侣、兄长和老师的角色,在感情上、生活上和学业上都尽可能地给予我支持和帮助,在自己繁忙的工作之中抽出时间来关心我的一切,书稿的完成,离不开他的呵护与督促。感谢即将来到人世的聂豆豆小朋友,感谢你在腹中一切都好,这是对妈妈最大的体谅,帮助妈妈顺利地完成书稿的修改。

我的博士论文顺利出版,还要感谢人民出版社武丛伟编辑,她专业、细致、认真、热情的工作态度是文稿得以顺利出版的有力保障。从我工作伊始,学院院长谢舜教授就积极支持并帮助我联系高水平出版社将书稿付诸出版,他对年轻人的帮助使得学院青年老师可以在从事教学科研上走得更远和更好。此外,我的研究生马富荣、吴静兰、鱼凌云、徐筱越,在书稿的后期校对中也给予我良多帮助。

由于本人学识有限,使得本书对一些问题的研究未能达到一定的深度和广度,在今后的学习和工作中,我将不遗余力地勇往直前。

汪 晗

2015年5月

责任编辑：武丛伟

图书在版编目（CIP）数据

土地开发与保护的平衡：土地发展权定价与空间转移研究/汪晗 著.
　—北京：人民出版社，2015.8
ISBN 978－7－01－014923－3

Ⅰ.①土… Ⅱ.①汪… Ⅲ.①土地资源-资源开发-研究-中国
　②土地保护-研究-中国 Ⅳ.①F323.211

中国版本图书馆 CIP 数据核字（2015）第 121806 号

土地开发与保护的平衡：土地发展权定价与空间转移研究
TUDI KAIFA YU BAOHU DE PINGHENG
TUDI FAZHANQUAN DINGJIA YU KONGJIAN ZHUANYI YANJIU

汪　晗　著

人民出版社 出版发行
（100706　北京市东城区隆福寺街 99 号）

北京龙之冉印务有限公司印刷　新华书店经销

2015 年 8 月第 1 版　2015 年 8 月北京第 1 次印刷
开本：710 毫米×1000 毫米 1/16　印张：11.75
字数：180 千字

ISBN 978－7－01－014923－3　定价：32.00 元

邮购地址 100706　北京市东城区隆福寺街 99 号
人民东方图书销售中心　电话（010）65250042　65289539